타보름
매일
기초영어

모든 영어 공부의 시작, 타보름 기초 영어

이 책의 특징

1. 매일 필수 영단어 25개씩
2. 핵심만 딱 잡은 이론 정리
3. 실용문으로 구성된 연습문제

Today Words

1	body	ⓝ몸, 몸통	'바디
2	head	ⓝ머리	'헤ㄷ
3	hair	ⓝ머리카락, 털	'헤어
4	brain	ⓝ뇌	브뤠인
5	hand	ⓝ손 ⓥ건내다	'핸ㄷ
6	leg	ⓝ다리	'(을)레ㄱ
7	arm	ⓝ팔	'암
8	foot	ⓝ발	''풑
9	neck	ⓝ목	'넥

▶매일 테마별 필수 단어 및 이디엄 25개씩
본문 단어와 함께총 1300개 이상 학습

기초영어 데일리 단어 특징

우선순위 단어를 주제별로 분류

한글 발음 기호 제공

본문에서 자연스럽게 반복하여 학습 능률 업!

get

도달하다(1) 되다(2) 얻다, 받다, 이해하다(3) 얻게 해주다(4) 되게 하다(5) 등

- I had fun with her.
  나는 그녀와 재미있었어.

- I already had lunch. (=I already ate lunch.)
  나는 이미 점심을 먹었다.

- Let's have a party.
  파티를 열자.

▶단어뿐 아니라 필수 숙어 이디엄도 학습

▶전 단원 실용적이고 응용하기 쉬운 예문으로만 구성

5. Models are tall.

6. The models are tall.

---- **Exercise 1-1** -----------------------------------

다음 주어진 문장을 관사에 유의하며 해석하세요.

1. I like bread.

2. I like the girl.

▶필수 문법 및 표현을 연습문제로 반복 및 이해

▶영작을 통한 확실한 실력 향상

무료 영단어 테스트지 무한 생성기 다운
타보름 네이버 카페에서 제공

지난 영어는 잊자!

이선미쌤 강의을
타보름에서 만나다!

현장 강의 경력 10년, 블로그 이웃 9000명, 영어 관련 포스팅 누적 3천만 뷰의 이선미쌤 강의를 taborm.com에서!

타보름 매일 기초영어 인강 (52강)

가정법 과거완료

빈번하게 쓰이는 의미상의 주

He's nice.

• 내가 여기 해당한다면? •

1

항상 시작만 하고
쉽게 포기한다.

2

영어 공부를 하고는 싶은데
뭘 해야 할지 모르겠다.

3

시작은 했는데
제대로 하고 있는지
모르겠다.

이선미쌤과 타보름 사이트에서 만나요!

저자의 말

우리는 다양한 목적을 가지고 영어공부를 합니다.
목적에 따라 공부하는 방법도 다양합니다.
회화라면 패턴 공부법, 말로만 훈련하는 방법
하지만 어떤 목적의 영어공부든지
기본기를 갖춰야 한다는 그 시작은 같습니다.
기본 문법을 알면 패턴 공부법도 더 수월합니다.
기본 문법을 알면 고난도 독해도, 구문도 더 쉬워집니다.
서로 연결되어 있고 확장되는
영어 전체의 구조를 제대로 이해하는 것은
그렇게 어렵지는 않지만
많이들 놓치는 부분임에 틀림없습니다.
이 책을 제대로 활용하면
언어 안에 녹아있는 연결고리들을
이해하고 응용할 수 있는 길잡이가 될 것입니다.
이선미쌤이 최선을 다해서 돕겠습니다.
타보름 매일 기초영어로 영어를 여는 여러분 응원합니다.

이선미쌤

타보름 매일 기초영어

Day 1	단어라고 같은 단어가 아니야_명사와 동사	5
Day 2	a water은 왜 안돼?_명사 주의사항	9
Day 3	서아…그녀는…하준…그는…_인칭대명사(상)	13
Day 4	네가 사랑하는 소녀에 대해 자세히 얘기해볼래?_형용사(상)	17
Day 5	난 친구가 거의 없어._형용사(하)	21
Day 6	그녀는 예쁘다._be동사의 현재형	25
Day 7	그녀는 예뻤다._be동사의 과거형	29
Day 8	그녀는 예쁘지 않다._be동사의 부정문과 의문문	33
Day 9	She love you라고 말하면 안 돼._일반동사의 3인칭 단수 현재형	37
Day 10	그녀는 천사같고 별은 빛난다._문장의 1형식과 2형식	41
Day 11	좀 더 자세히 이야기해봐~_부사	45
Day 12	어 다르고 더 다르다?_관사 이해하기	49
Day 13	혼자서는 아무 것도 못하는 전치사_전치사(상)	53
Day 14	오늘 아침에 당신을 만났다._전치사(하)	57
Day 15	주인공 자리를 비워둘 수는 없지!_비인칭 it	61
Day 16	이것은 복숭아이다._this that(상)	65
Day 17	바지는 한 벌이어도 팬츠지 팬트가 아니야._this, that(하)	69
Day 18	그녀는 그를 사랑했다._일반동사의 과거형 만들기 (규칙)	73
Day 19	eat의 과거형은 eated이 아니야_일반동사의 과거형 만들기 (불규칙)	77
Day 20	서아를…그녀를…하준이를…그를…_인칭대명사 (하)	81
Day 21	뚱뚱해진 거지 스마트 폰이 된건 아니야._문장의 2형식과 3형식	85
Day 22	너는 그녀를 사랑하니?_일반동사의 의문문	89
Day 23	나는 그녀를 사랑하지 않아._일반동사의 부정문	93
Day 24	내가 그녀에게 케이크를 만들어 줄게._문장의 4형식과 5형식	97
Day 25	이미 점심을 가졌다고?_주요 동사들	101
Day 26	자 울지 말고 육하원칙대로 말해봐._의문사(상)	107

contents

Day 27	자 울지 말고 육하원칙대로 말해봐._의문사(하)	111
Day 28	우유가 떨어졌네, 내가 사올게!_미래	115
Day 29	얼마나 자주 내 남자친구를 만났냐고!!_빈도부사	119
Day 30	나는 예쁘지만 지금 못생긴 표정을 짓고 있어._현재와 현재진행	123
Day 31	타임머신을 탄다고 생각하면 간단해._과거진행, 미래진행	127
Day 32	있다? 없다?_there is /are	131
Day 33	넌 할 수 있어!_조동사 기본과 can	135
Day 34	그는 배고플 거야._추측의 조동사	139
Day 35	치킨을 먹어야만 해._의무의 조동사(상)	143
Day 36	아 치킨을 먹지 말았어야 했는데._의문의 조동사(하)	147
Day 37	저 모쏠 아닌데요?_used to, would	151
Day 38	5년째 여기서 살고 있어요._현재완료(상)	155
Day 39	살면서 여자친구를 사귀어본 적이 없어요._현재완료(하)	159
Day 40	가장 큰 차이점은 현재와의 연결성_과거와 현재완료	163
Day 41	나는 저축하기로 결심했어._to부정사를 목적어로 하는 동사	167
Day 42	그들은 계획 세우는 것을 즐겼어._동명사를 목적어로 하는 동사	171
Day 43	나는 내가 아닌 그가 시험에 통과하길 원해._지각동사, 사역동사	175
Day 44	부끄러워하지 마._명령문	179
Day 45	지옥에 가거나 천국에 가거나._and, or, but, so	183
Day 46	나는 그녀가 그와 헤어져야한다고 생각해._목적어를 이끄는 that	187
Day 47	내가 그를 봤을 때, 그는 나에게 미소지었어._because, when	191
Day 48	그게 더 비싸고 제일 맛있어._비교급과 최상급 만들기	195
Day 49	그녀는 그녀의 집안에서 가장 예뻐._비교급과 최상급	199
Day 50	그는 나를 좋아해, 그렇지 않니?_부가의문문	203
Day 51	정말 예쁜 눈을 가졌구나!_감탄문	207
Day 52	너 때문에 화났지 괜히 났겠니?_감정 표현하기	211

※Today Words 시작 전 알아두기

ⓝ 명사
ⓥ 동사
ⓐ 형용사
(a) 부사
ⓟ 전치사

※Exercise 풀기 전 기억하기

1. Exercise에 나온 예문 전체 복습 꼭 하기
2. 영작 문제 틀려도 괜찮으니 가벼운 마음으로 도전하기

명사와 동사

Today Words

1	*mother (mom)*	ⓝ어머니 (엄마)	'마ㄷ허
2	*father (dad)*	ⓝ아버지 (아빠)	"파ㄷ허
3	*son*	ⓝ아들	'썬
4	*brother*	ⓝ남자형제	'브뤄ㄷ허
5	*water*	ⓝ물 ⓥ(식물에) 물주다	'ㅇ(ㅗ)ㅏ터-
6	*money*	ⓝ돈	'머니
7	*box*	ⓝ상자	'박ㅅ
8	*bus*	ⓝ버스	'버ㅅ
9	*man·*	ⓝ남자, 사람	'맨
10	*boy*	ⓝ소년	,ㅂ(ㅗ)ㅓㅣ
11	*go*	ⓥ가다	'고ㅜ
12	*come*	ⓥ오다, 되다	'컴
13	*work*	ⓥ일하다 ⓝ일	'월-ㅋ
14	*meet*	ⓥ만나다	'밑
15	*like*	ⓥ좋아하다	'(을)라일
16	*help*	ⓥ돕다 ⓝ도움	'헬ㅍ
17	*eat*	ⓥ먹다	'읕
18	*make*	ⓥ만들다, 만들어주다, 하게 하다	메이ㅋ
19	*use*	ⓥ사용하다	'유ㅈㅇ
20	*study*	ⓝ공부, 연구 ⓥ공부하다	'ㅅ터디
21	*do*	ⓥ하다	두
22	*friend*	ⓝ친구	'ㅍ뤤ㄷ
23	*age*	ⓝ나이, 시대	'에이지
24	*birthday*	ⓝ생일	'벌-ㅅㅌ,데ㅣ
25	*thing*	ⓝ물건, 것	'ㅅ팅

DAY 1 명사와 동사

단어라고 같은 단어가 아니야.

단어도 종류가 많지만 우리는 딱 4종류만 공부할 것이에요.
오늘은 그 중 2개를 공부하도록 해요. 그것은 바로 명사와 동사랍니다!

명사

생물이나 무생물의 이름을 나타내는 말

mother 어머니

water 물

apple 사과

동사

동작이나 상태를 나타내는 말

go 가다

work 일하다

meet 만나다

---- **Exercise 1** -------------------------------------

다음 단어의 뜻을 말하고 명사인지 동사인지 구별하세요.

1.	friend	_____	6.	son	_____
2.	age	_____	7.	work	_____
3.	meet	_____	8.	birthday	_____
4.	use	_____	9.	help	_____
5.	bus	_____	10.	come	_____

---- **Exercise 1-1** -------------------------------

다음 단어의 뜻을 말하고 명사인지 동사인지 구별하세요.

1.	brother	_____	6.	man	_____
2.	study	_____	7.	go	_____
3.	mother	_____	8.	thing	_____
4.	like	_____	9.	money	_____
5.	eat	_____	10.	box	_____

■ 영어로 숫자 읽기

0 zero	11 eleven	21 twenty-one	40 forty
1 one	12 twelve	22 twenty-two	50 fifty
2 two	13 thirteen	23 twenty-three	60 sixty
3 three	14 fourteen	24 twenty-four	70 seventy
4 four	15 fifteen	25 twenty-five	80 eighty
5 five	16 sixteen	26 twenty-six	90 ninety
6 six	17 seventeen	27 twenty-seven	100 one hundred
7 seven	18 eighteen	28 twenty-eight	1000 one thousand
8 eight	19 nineteen	29 twenty-nine	
10 ten	20 twenty	30 thirty	

1부터 20까지는 쭈욱 가고 21부터는 20+1, 20+2,,,,십 단위로 기억해두세요!

101은? one hundred (and) one
423? four hundred (and) twenty-three

■ 영어로 시각 읽기

정각을 말할 때는 "~o'clock"이라고 하면 됩니다.

11시 정각? It's eleven o'clock.
6시 10분? It's six-ten.

■ 영어로 연도 읽기

명사의 모양, 색깔연도는 보통 두 자리씩 끊어서 읽으면 됩니다.

1834년? eighteen thirty-four
1800년? eighteen hundred

2005년의 경우 twenty five로 25와 구별이 안되니 two thousand five로 읽어줍니다.

명사 주의사항

Today Words

1	*parent*	ⓝ부모	'페뤈ㅌ
2	*sibling*	ⓝ형제 ⓐ형제의	씨블링
3	*daughter*	ⓝ딸	돠-더
4	*sister*	ⓝ여자형제	'시ㅅ터
5	*grandmother*	ⓝ할머니	'그랜 마ㄷ허
6	*grandfather*	ⓝ할아버지	'그랜 '파ㄷ허
7	*uncle*	ⓝ삼촌, 고모부, 이모부, 아저씨	엉클
8	*aunt*	ⓝ숙모, 고모, 이모, 아줌마	앤ㅌ
9	*woman*	ⓝ여자	'우먼
10	*girl*	ⓝ소녀	'그어-얼
11	*baby*	ⓝ아기 ⓐ아기의	'베이비
12	*day*	ⓝ하루, 낮	'데이
13	*way*	ⓝ길, 방법	'웨이
14	*tooth*	ⓝ이, 이빨	'투ㅅㅌ
15	*salt*	ⓝ소금	쌀ㅌ
16	*bread*	ⓝ빵	'브레ㄷ
17	*child*	ⓝ아이, 자식	'챠일ㄷ
18	*Mr.*	ⓝ씨, 님	'미ㅅ터-
19	*Mrs.*	ⓝ~부인	'미세ㅈㅇ.
20	*Miss.*	ⓝ아가씨, ~양	'미ㅅ
21	*potato*	ⓝ감자	퍼'테이.토ㅜ
22	*egg*	ⓝ계란	'에그
23	*wolf*	ⓝ늑대	울'ㅍ
24	*roof*	ⓝ지붕	'루ㅜ'ㅍ
25	*orange*	ⓝ오렌지	'(ㅗ)ㅓ-뤈쥐

DAY 2 명사 주의사항

a water은 왜 안돼?

명사는 크게 셀 수 있는 명사와 셀 수 없는 명사로 나뉩니다. 셀 수 있는 명사는 꼭 a(a), the 기타 소유격과 같이 쓰거나 여러 개를 의미하는 s를 붙인 복수형으로라도 써주어야 합니다.

셀 수 있는 명사와 셀 수 없는 명사

셀 수 있는 명사 사용 예		셀 수 없는 명사 사용 예
단수	복수	water
a day	days	money
a story	stories	salt
a life	lives	bread
a fox	foxes	love
a bus	buses	
an apple	apples	
an egg	eggs	

명사의 복수형 만들기

대부분의 명사 + -s	mothers, oranges, apples, eggs 등
-s, -ss, -ch, -sh, -x + -es	buses, kisses, churches, dishes, boxes 등
자음+o + -s	potatoes, tomatoes, heros 등 (예외: pianos, photos, radios, memos)
자음+y: -y → -i+es	babies, ladies 등
※모음+y: + -s	boys, days, ways 등
-f, -fe → -ves	leaf → leaves, wolf → wolves, life → lives 등

★ 주요 예외: foot → feet, tooth → teeth, man → men, woman → women
child → children

---- **Exercise 1** -------------------------------------

셀 수 있는 명사에만 a(an)을 붙이고 뜻을 쓰세요.

1. ___ daughter _____	6. ___ roof _____
2. ___ water _____	7. ___ boy _____
3. ___ money _____	8. ___ foot _____
4. ___ salt _____	9. ___ baby _____
5. ___ bread _____	10. ___ potato _____

---- **Exercise 1-1** -------------------------------

셀 수 있는 명사에만 a(an)을 붙이고 뜻을 쓰세요.

1. ___ man _____	6. ___ day _____
2. ___ brother _____	7. ___ box _____
3. ___ orange _____	8. ___ egg _____
4. ___ tooth _____	9. ___ work _____
5. ___ wolf _____	10. ___ way _____

셀 수 있는 명사만 복수형을 쓰세요.

1.	daughter	_____	6. roof	_____
2.	water	_____	7. boy	_____
3.	money	_____	8. foot	_____
4.	salt	_____	9. baby	_____
5.	bread	_____	10. potato	_____

---- **Exercise 2-1** --------------------------------

셀 수 있는 명사만 복수형을 쓰세요.

1.	man	_____	6. day	_____
2.	brother	_____	7. box	_____
3.	orange	_____	8. egg	_____
4.	tooth	_____	9. apple	_____
5.	wolf	_____	10. way	_____

인칭 대명사(상)

Today Words

1	*animal*	ⓝ동물 ⓐ동물의	애니믈
2	*pet*	ⓝ애완동물	펱
3	*dog*	ⓝ개	돡
4	*cat*	ⓝ고양이	캩
5	*rabbit*	ⓝ토끼	래빝
6	*pig*	ⓝ돼지	피ㄱ
7	*horse*	ⓝ(동물)말	호어-ㅅ
8	*cow*	ⓝ암소, 젖소	카우
9	*monkey*	ⓝ원숭이	멍키
10	*bear*	ⓝ곰 ⓥ견디다, 낳다	'베어
11	*fox*	ⓝ여우	퐉ㅅ
12	*frog*	ⓝ개구리	프뤄ㄱ
13	*sheep*	ⓝ양	쉮
14	*elephant*	ⓝ코끼리	엘리'펀ㅌ
15	*deer*	ⓝ사슴	디어
16	*tiger*	ⓝ호랑이	'타이거
17	*lion*	ⓝ사자	(을)라이언
18	*snake*	ⓝ뱀	스네이ㅋ
19	*computer*	ⓝ컴퓨터	컴'퓨터-
20	*news*	ⓝ뉴스	'뉴ㅈㅇ
21	*love*	ⓥ사랑하다 ⓝ사랑	'(을)러'ㅂ
22	*kid*	ⓝ아이	'키ㄷ
23	*lady*	ⓝ숙녀	'(을)레이디
24	*gentleman*	ⓝ신사	'졔늘멘
25	*fool*	ⓝ바보 ⓥ속이다	"풀

DAY 3 인칭 대명사(상)

너아,,,그녀는,,,하준,,,그는,,,

영어에서는 이름이나 명칭을 계속 불러주기보단 대명사를 적극 활용합니다.
영어공부의 기본이 되는 인칭대명사, 공부해볼까요?

인칭대명사 (상)

주격		소유격	
(주어자리)		(명사수식)	
I	나는(내가)	my	나의
we	우리는(가)	our	우리의
you	너는(네가)/너희는(가)	your	너의/너희들의
he	그는(가)	his	그의
she	그녀는(가)	her	그녀의
it	그것은(이)	its	그것의
they	그들은(이)	their	그들의

- I go. 내가 간다.
- We go. 우리가 간다.
- You go. 네가(너희들이) 간다.
- He goes. 그가 간다.
- She goes. 그녀가 간다.
- It goes. 그것이 간다.
- They go. 그들이 간다.

- my car 나의 자동차
- our car 우리의 자동차
- your car 너의(너희들의) 자동차
- his car 그의 자동차
- her car 그녀의 자동차
- its car 그것의 자동차
- their car 그들의 자동차

다음 주어진 한국말에 맞게 빈칸을 채우세요.

1. 그는 달린다. → _____ runs.

2. 그들은 걷는다. → _____ walk.

3. 그녀는 운전한다. → _____ drives.

4. 나는 춤춘다. → _____ dance.

5. 우리는 일한다. → _____ work.

6. 너는 거짓말을 한다. → _____ lie.

---- **Exercise 1-1** ------------------------------------

다음 주어진 한국말에 맞게 빈칸을 채우세요.

1. 너희들은 운다. → _____ cry.

2. 그것은 떨어진다. → _____ falls.

3. 그들이 온다. → _____ come.

4. 그녀는 수영한다. → _____ swims.

5. 나는 잔다. → _____ sleep.

6. 우리는 존재한다. → _____ exist.

---- **Exercise 2** ------------------------------

다음 해석에 맞게 빈칸을 채우세요.

1. 그녀의 아버지가 달린다. → _____ father runs.
2. 우리의 아기가 걷는다. → _____ baby walks.
3. 나의 어머니가 운전한다. → _____ mother drives.
4. 그들의 토끼가 춤춘다. → _____ rabbit dances.
5. 그의 남자형제는 일한다. → _____ brother works.
6. 너의 딸이 거짓말을 한다. → _____ daughter lies.

---- **Exercise 2-1** ------------------------------

다음 주어진 한국말에 맞게 빈칸을 채우세요.

1. 너희들의 늑대가 운다. → _____ wolf cries.
2. 그것의 다리가 존재한다. → _____ leg exists.
3. 우리의 사슴이 점프한다. → _____ deer jumps.
4. 그의 고양이가 춤춘다. → _____ cat dances.
5. 나의 개구리는 잔다. → _____ frog sleeps.
6. 그녀의 돼지는 걷는다. → _____ pig walks.

04 형용사(상)

Today Words

1	poor	ⓐ가난한, 불쌍한	ˈ푸어-
2	rich	ⓐ부유한, 풍부한	ˈ뤼치
3	old	ⓐ늙은, 오래된	오울ㄷ
4	young	ⓐ젊은, 어린	ˈ영
5	thin	ⓐ얇은, 날씬한	ˈㅅ틴
6	fat	ⓐ뚱뚱한 ⓝ지방	ˈˈ퍁
7	sick	ⓐ아픈, 병든	ˈ식
8	healthy	ⓐ건강한, 건전한	ˈ헬ㅅ티
9	famous	ⓐ유명한	ˈˈ페이머ㅅ
10	sad	ⓐ슬픈	ˈ새ㄷ
11	happy	ⓐ행복한	ˈ해피
12	upset	ⓐ속상한	엎셑
13	glad	ⓐ기쁜	ˈ글래ㄷ
14	true	ⓐ진짜의, 진실된	ˈㅌ루
15	real	ⓐ진짜의, 현실의	뤼얼
16	heavy	ⓐ무거운, 격렬한	ˈ헤ˈ비
17	good	ⓐ좋은, 착한	ˈ궏
18	great	ⓐ위대한, 대단한	ˈ그레잍
19	excellent	ⓐ뛰어난	ˈ엑설런ㅌ
20	perfect	ⓐ완벽한	퍼-ˈ펰ㅌ
21	bad	ⓐ나쁜	ˈ배ㄷ
22	new	ⓐ새로운	뉴
23	big	ⓐ큰	ˈ빅
24	large	ⓐ큰, 넓은	ˈ(을)라지
25	small	ⓐ작은	ˈㅅㅁ(ㅗ)알

DAY 4 형용사(상)
네가 사랑하는 소녀에 대해 자세히 얘기해볼래?

형용사는 명사, 동사의 뒤를 잇는 단어의 종류 중 하나입니다.
명사를 꾸미는 것이 형용사의 대표 임무입니다.

형용사

- 명사의 모양, 색깔, 성질, 수량, 재료, 명칭 등을 추가로 꾸며주는 말.

형용사의 종류 (참고만)

지시	this, that, these, those
의문	what, which
부정 수량	some, few, many 등
모양, 형태, 특징	round, square 등
색상	red, green, yellow 등
재료	wooden 등
고유	Korean, English, British 등

- this bread 이 빵
- red chair 빨간 의자
- Korean food 한국 음식

다음 주어진 해석에 맞게 빈칸을 채우세요.

1. _____ boy (가난한 소년)

2. _____ girl (건강한 소녀)

3. _____ god (위대한 신)

4. _____ computer (새 컴퓨터)

5. _____ life (행복한 삶)

6. _____ woman (부유한 여자)

다음 주어진 해석에 맞게 빈칸을 채우세요.

1. _____ man (아픈 남자)

2. _____ pig (뚱뚱한 돼지)

3. _____ fox (슬픈 여우)

4. _____ singer (유명한 가수)

5. _____ lawyer (젊은 변호사)

6. _____ box (무거운 박스)

다음 주어진 해석에 맞게 빈칸을 채우세요.

1. _____ (아픈 소녀)

2. _____ (큰 개구리)

3. _____ (무거운 고양이)

4. _____ (새 컴퓨터)

5. _____ (행복한 생일)

6. _____ (슬픈 소년)

---- **Exercise 2-1** -------------------------------

다음 주어진 해석에 맞게 빈칸을 채우세요.

1. _____ (부유한 남자)

2. _____ (젊은 엄마)

3. _____ (새로운 치아)

4. _____ (유명한 호랑이)

5. _____ (진실된 사랑)

6. _____ (뚱뚱한 개구리)

형용사 (하)

Today Words

1	*job*	ⓝ직업	'좝
2	*worker*	ⓝ근로자	'워커
3	*driver*	ⓝ운전자, 운전기사	'드롸이'버
4	*engineer*	ⓝ기술자, 기사, 엔지니어	엔쥐'니어
5	*writer*	ⓝ저자, 작가	'롸이터
6	*teacher*	ⓝ선생님	'티쳐
7	*student*	ⓝ학생, 연구자	'스튜던트
8	*doctor*	ⓝ의사, 박사	'닥터
9	*nurse*	ⓝ간호사	'너-ㅅ
10	*dentist*	ⓝ치과의사	'덴티스트
11	*chef(cook)*	ⓝ요리사, 주방장	'셰'ㅍ
12	*waiter*	ⓝ웨이터	'웨이터
13	*professor*	ⓝ교수	프뤄''페서
14	*lawyer*	ⓝ변호사	'(을)러이어
15	*pilot*	ⓝ조종사, 파일럿	'파일럿
16	*painter*	ⓝ화가	'페인터
17	*artist*	ⓝ예술가, 아티스트	'아티스트
18	*designer*	ⓝ디자이너	디'ㅈ아이너
19	*musician*	ⓝ음악가, 뮤지션	뮤'ㅈ이션
20	*model*	ⓝ모델, 모형, 모범	'마덜
21	*singer*	ⓝ가수	'씽어
22	*actor*	ⓝ배우	'액터
23	*policeman*	ⓝ경찰관	펄'리ㅅ먼
24	*fireman*	ⓝ소방관	''파이어멘
25	*public officer*	ⓝ공무원	'퍼블릭'아:피써

DAY 5 형용사(하)

난 친구가 거의 없어.

명사를 골라 꾸미는 까다로운 형용사들이 있어요. 그 중에서 중요한 형용사들만
먼저 배워볼까요?

many vs much

뜻	셀 수 있는 명사에	셀 수 없는 명사에
많은	many	much
	a lot of, lots of	

- much money 많은 돈
- many tigers 많은 호랑이들

a few vs a little

뜻	셀 수 있는 명사에	셀 수 없는 명사에
약간의	a few	a little
거의 없는	few	little

- a few cats 약간의 고양이들
- few cats 거의 없는 고양이들
- a little time 약간의 시간
- little time 거의 없는 시간

some vs any

뜻	긍정	부정, 중립
조금, 몇몇의	some	any
어떤 ~라도	any	

- You can have some food. 너는 조금의 음식을 먹을 수 있다.
- You can have any food. 너는 어떤 음식이라도 먹을 수 있다.

다음 괄호 안에서 적절한 표현을 골라 O표 하세요.

1. (many / much) foxes (많은 여우들)

2. (many / much) hope (많은 희망)

3. (little / few) elephants (거의 없는 코끼리들)

4. (some / any) dreams (어떤 꿈이라도)

5. (some / any) cats (몇몇의 고양이들)

6. (little / few) water (거의 없는 물)

다음 괄호 안에서 적절한 표현을 골라 O표 하세요.

1. (a few / a little) questions (약간의 질문들)

2. (many / much) love (많은 사랑)

3. (little / few) lions (거의 없는 사자들)

4. (a few / a little) information (약간의 정보)

5. (little / few) break (거의 없는 휴식)

6. (some / any) bread (몇몇의 빵)

다음 괄호 안에서 적절한 표현을 골라 O표 하세요.

1. (little / few) cats (거의 없는 고양이들)

2. (many / much) money (많은 돈)

3. (some / any) snakes (몇몇의 뱀들)

4. (many / much) cats (많은 고양이들)

5. (some / any) oranges (몇몇의 오렌지)

6. (a little / a few) computers (약간의 컴퓨터)

---- **Exercise 1-3** ------------------------------

다음 괄호 안에서 적절한 표현을 골라 O표 하세요.

1. (many / much) pigs (많은 돼지들)

2. (some / any) coffee (약간의 커피)

3. (many / much) drivers (많은 운전자들)

4. (a few / a little) teachers (몇몇의 선생님들)

5. (little / few) salt (거의 없는 소금)

6. (many / much) bread (많은 빵)

06 be동사의 현재형

Today Words

1	*beautiful*	ⓐ아름다운	'뷰-티'플
2	*pretty*	ⓐ예쁜 (a)상당히	'프뤼티
3	*handsome*	ⓐ잘생긴	핸썸
4	*ugly*	ⓐ못생긴, 추한	어글리
5	*tidy*	ⓐ단정한	'타이디
6	*smart*	ⓐ똑똑한	스마-ㅌ
7	*stupid*	ⓐ어리석은	'ㅅ튜핕
8	*curious*	ⓐ호기심이 강한	'큐뤼어ㅅ
9	*nice*	ⓐ좋은, 멋진	'나이스
10	*kind*	ⓐ친절한 ⓝ종류	'카인ㄷ
11	*calm*	ⓐ침착한, 고요한	캄
12	*brave*	ⓐ용감한	브뤠이'ㅂ
13	*friendly*	ⓐ친근한, ~친화적인	"프뤤들리
14	*generous*	ⓐ관대한	쟤너뤄ㅅ
15	*shy*	ⓐ수줍음을 많이 타는	'샤이
16	*outgoing*	ⓐ외향적인	'아욷고우잉
17	*jealous*	ⓐ질투하는	'젤러ㅅ
18	*honest*	ⓐ정직한	아네ㅅㅌ
19	*considerate*	ⓐ사려깊은	컨'씨더뤹
20	*strict*	ⓐ엄격한	스트륁ㅌ
21	*gentle*	ⓐ온화한, 친절한	'젠틀
22	*picky*	ⓐ(성격이) 까다로운	피키
23	*selfish*	ⓐ이기적인	'셀'피쉬
24	*passionate*	ⓐ열렬한, 열정적인	'패셔네잍
25	*fair*	ⓐ공평한 ⓝ박람회	"페ㅓ

DAY 6   be동사의 현재형

그녀는 예쁘다.

be동사는 현재시제를 나타낼 때 주어에 맞춰 am, are, is로 바뀝당니다.
워낙 자주 쓰여서 축약형으로 많이 쓰입니다.

be 동사의 현재형과 축약형

		현재형 (축약형)
단수	1인칭	I am (I'm)
	2인칭	you are (you're)
	3인칭	he is (he's)
		she is (she's)
		it is (it's)
복수	1인칭	we are (we're)
	2인칭	you are (you're)
	3인칭	they are (they're)

- He is curious.
  그는 호기심이 많다.

- She's generous.
  그녀는 관대하다.

- You are brave.
  너는 용감하다.

- They're considerate.
  그들은 사려 깊다.

다음 문장의 밑줄 친 부분을 줄여서 다시 쓰세요.

1. I am a lawyer. → _____

2. They are poor. → _____

3. He is short. → _____

4. We are a family. → _____

5. You are happy. → _____

6. She is stupid. → _____

7. It is heavy. → _____

---- **Exercise 2** ----------------------------------

다음 빈칸에 am, are, is 중 알맞은 것을 쓰고 해석하세요.

1. She _____ young.

2. I _____ a cook.

3. They _____ my sisters.

4. He _____ busy.

5. You _____ curious.

6. It _____ big.

7. We _____ weak.

27

다음 빈칸에 am, are, is 중 알맞은 것을 쓰고 해석하세요.

1. My brothers _____ pilots.

2. She _____ rich.

3. I _____ angry.

4. We _____ friends.

5. You _____ beautiful.

6. He _____ tall.

7. Kelly _____ a dentist.

다음 빈칸에 am, are, is 중 알맞은 것을 쓰고 해석하세요.

1. I _____ strong.

2. David _____ handsome.

3. He and I _____ fat.

4. They _____ teachers.

5. Her son _____ sad.

6. The tomatoes _____ big.

7. You _____ nurses.

 **be동사의 과거형**

Today Words

1	*color*	ⓝ색깔	'컬러-
2	*white*	ⓝ하얀색 ⓐ하얀	'와이ㅌ
3	*black*	ⓝ검정색 ⓐ검은	'블랙
4	*red*	ⓝ빨간색 ⓐ빨간	'뤠ㄷ
5	*yellow*	ⓝ노랑색 ⓐ노란	'옐로ㅜ
6	*green*	ⓝ녹색 ⓐ녹색의	'ㄱ뤼ㄴ
7	*blue*	ⓝ파란색 ⓐ파란	'블루
8	*navy blue*	ⓝ남색 ⓐ남색의	'네이'비 '블루
9	*purple*	ⓝ보라색 ⓐ보라색의	퍼-플
10	*gray*	ⓝ회색 ⓐ회색의	'그뤠이
11	*pink*	ⓝ분홍색, 핑크 ⓐ분홍색의	'핑ㅋ
12	*brown*	ⓝ갈색 ⓐ갈색의	'브롸운
13	*beige*	ⓝ베이지색 ⓐ베이지색의	'베이직
14	*bright*	ⓐ밝은, 똑똑한	브롸잍
15	*light*	ⓝ전등, 빛 ⓐ(색이) 밝은, 가벼운	'(을)라이ㅌ
16	*dark*	ⓐ어두운, 캄캄한	다-ㅋ
17	*gold*	ⓝ금 ⓐ금으로 된	고울ㄷ
18	*silver*	ⓝ은 ⓐ은으로 된	'씰'버-
19	*metal*	ⓝ금속 ⓐ금속의	메틀
20	*wood*	ⓝ목재, 나무	'우ㄷ
21	*dawn*	ⓝ새벽, 여명	던
22	*morning*	ⓝⓐ아침, 오전	모어-닝
23	*afternoon*	ⓝ오후	'애'ㅍ터-'눈
24	*evening*	ⓝ저녁, 밤 ⓐ저녁의	'이'ㅂ닝
25	*night*	ⓝ밤	'나이ㅌ

DAY 7 be동사의 과거형

그녀는 예뻤다.

'그녀는 예뻤다.'라는 표현은 내가 그녀를 봤을 때 예뻤다는 회상의 의미 또는
현재와는 다른 과거 사실을 집중 조명하고자 할 때 사용합니다.

be동사의 과거형

		과거형
단수	1인칭	I was
	2인칭	you were
	3인칭	he was
		she was
		it was
복수	1인칭	we were
	2인칭	you were
	3인칭	they were

• She was calm.
  그녀는 침착했다.

• The water was yellow.
  그 물은 노란색이었다.

• They were late.
  그들은 늦었다.

다음 빈칸에 was, were 중 알맞은 것을 쓰고 해석하세요.

1. The color _____ beige.

2. Her hair _____ brown.

3. I _____ generous.

4. We _____ different.

5. The frogs _____ green.

6. He _____ short.

7. Paul _____ a lawyer.

---- **Exercise 1-1** -----------------------------

다음 빈칸에 was, were 중 알맞은 것을 쓰고 해석하세요.

1. The room _____ dark.

2. David _____ ugly.

3. He and I _____ thin.

4. Linda _____ shy.

5. Your daughter _____ smart.

6. Houses _____ light blue.

7. The cook _____ considerate.

---- **Exercise 2** --------------------------------

다음 주어진 문장의 시제에 유의하며 영작하세요.

1. 그 사과는 빨갛다. → _____

2. 그는 이기적이다. → _____

3. 그들은 바쁘다. → _____

4. 그 박스는 비어 있었다. → _____

5. 그녀는 뚱뚱했다. → _____

6. 그녀의 아들은 정직하다. → _____

7. 그의 닭들은 똑똑하다. → _____

---- **Exercise 2-1** --------------------------------

다음 주어진 문장의 시제에 유의하며 영작하세요.

1. 그 예술가는 정직하다. → _____

2. 그 소년은 침착했다. → _____

3. 그의 아버지는 부유하다. → _____

4. 우리는 틀렸었다. → _____

5. 그들은 용감하다. → _____

6. 너희들은 어리석었다. → _____

7. 그의 치아들은 하얗다. → _____

be동사의 부정문과 의문문

Today Words

1	quiet	ⓐ조용한, 평온한	'쿠아이엍
2	loud	ⓐ시끄러운	'(을)라ㅜ드
3	silent	ⓐ침묵하는, 조용한	'싸일런ㅌ
4	noisy	ⓐ시끄러운	'눠이ㅈ이
5	thick	ⓐ두꺼운, 빽빽한	'ㅅ틱
6	different	ⓐ다른, 여러 가지의	디'퍼런ㅌ
7	same	ⓐ같은	'세임
8	soft	ⓐ부드러운, 온화한	'ㅅ(ㅗ)ㅏ'ㅍㅌ
9	hard	ⓐ단단한, 열심인, 어려운 ⓐ열심히	'하드
10	expensive	ⓐ비싼	익스펜시'ㅂ
11	cheap	ⓐ값 싼, 싸구려의	'츂
12	empty	ⓐ비어 있는 ⓥ비우다	'엠ㅍ티
13	clean	ⓥ청소하다 ⓐ깨끗한	'클린
14	dirty	ⓐ더러운	'덜-티
15	wrong	ⓐ틀린	'ㄹ(ㅗ)앙
16	afraid	ⓐ두려워하는, 걱정하는	어"ㅍ뤠이드
17	sure	ⓐ확실한 (말)"물론"	'쉬ㅓ
18	late	ⓐ늦은, 최근의 (ⓐ)늦게	'(을)레이ㅌ
19	ready	ⓐ준비된	'뤠디
20	near	ⓐ가까운 ⓟ가까이, 근처에	'니어
21	fun	ⓐ재미있는, 즐거운	"펀
22	funny	ⓐ웃기는	"퍼니
23	insane	ⓐ정신 이상의, 미친	인'쎄인
24	mad	ⓐ미친, 열정적인	'매드
25	simple	ⓐ간단한, 단순한	'심플

DAY 8 be동사의 부정문과 의문문

그녀는 예쁘지 않다.

be동사의 부정문과 의문문 만드는 방법 정말 간단해요!

be동사의 부정과 축약형: be동사 뒤에 not만 붙이면 된다.

	be동사의 부정	축약형
현재	am not	없음
	is not	isn't
	are not	aren't
과거	was not	wasn't
	were not	weren't

- She's not pretty.
= She isn't pretty.
  그녀는 예쁘지 않다.

- She was not pretty.
= She wasn't pretty.
  그녀는 예쁘지 않았다.

be동사의 의문문: be동사를 문장 맨 앞으로 꺼내고 물음표를 찍는다.

- Is she pretty?
  그녀는 예쁘니?

- Were they students?
  그들은 학생이었나요?

다음 문장을 의문문과 부정문으로 다시 쓰세요.

1. He is afraid.

→ _____ (의문문)

→ _____ (부정문)

2. They are brave.

→ _____ (의문문)

→ _____ (부정문)

3. You are wrong.

→ _____ (의문문)

→ _____ (부정문)

4. We are sure.

→ _____ (의문문)

→ _____ (부정문)

5. She was funny.

→ _____ (의문문)

→ _____ (부정문)

6. Brian is shy.

→ _____ (의문문)

→ _____ (부정문)

7. I am late.

→ _____ (의문문)

→ _____ (부정문)

---- **Exercise 1-1** ---------------------------------

다음 문장을 의문문과 부정문으로 다시 쓰세요.

1. It is brown.

→ _____ (의문문)

→ _____ (부정문)

2. The teacher was strict.

→ _____ (의문문)

→ _____ (부정문)

3. You are safe.

→ _____ (의문문)

→ _____ (부정문)

4. Your sister is outgoing.

→ _____ (의문문)

→ _____ (부정문)

5. They were ready.

→ _____ (의문문)

→ _____ (부정문)

6. The house was pink.

→ _____ (의문문)

→ _____ (부정문)

7. His eyes are light gray.

→ _____ (의문문)

→ _____ (부정문)

일반동사의 3인칭 단수 현재형

Today Words

1	*pass*	ⓥ통과하다, 지나가다 ⓝ통과, 합격	'패ㅅ
2	*finish*	ⓥ끝내다	"피니쉬
3	*watch*	ⓥ(지켜)보다 ⓝ손목 시계	'와치
4	*fly*	ⓥ날다 ⓝ파리	"플라이
5	*die*	ⓥ죽다	'다이
6	*live*	ⓥ살다 ⓐ생생한, 생방송의	'(을)라이'ㅂ
7	*walk*	ⓥ걷다	'워ㅋ
8	*run*	ⓥ달리다	'륀
9	*exist*	ⓥ존재하다, 있다	익지스트
10	*dance*	ⓥ춤추다 ⓝ춤	'댄ㅅ
11	*sleep*	ⓥ잠자다 ⓝ잠	ㅅ'맆
12	*appear*	ⓥ나타나다	어피어
13	*shine*	ⓥ빛나다	'샤인
14	*swim*	ⓥ수영하다	'ㅅ윔
15	*lie*	ⓝ거짓말 ⓥ눕다, 거짓말하다	'(을)라이
16	*jump*	ⓥ점프하다	'점ㅍ
17	*fall*	ⓥ떨어지다 ⓝ가을	"팔
18	*cry*	ⓥ울다 ⓝ소리침, 울음	'ㅋ라이
19	*shout*	ⓥ외치다	'쉬ㅏ웉
20	*hurt*	ⓥ다치게 하다, 아프다	'헐-ㅌ
21	*drive*	ⓥ운전하다, 몰다	'ㄷ라이'ㅂ
22	*drink*	ⓝ음료수, 술 ⓥ마시다, 술을 마시다	'ㄷ링ㅋ
23	*open*	ⓥ열다 ⓐ열린	'오ㅜ픈
24	*close*	ⓥ닫다 ⓐ닫힌, 친밀한	클로ㅜㅈㅇ
25	*press*	ⓥ누르다 ⓝ언론, 보도	'프뤠ㅅ

DAY 9 일반동사의 3인칭 단수 현재형

She love you라고 말하면 안 돼

동사의 기본형은 현재시제를 의미하기도 하지만 문장에서 주어가 3인칭 단수라면 현재
시제일 때 동사에 s를 붙여줍니다. 명사의 복수형과는 엄연히 다르니 헷갈리지마세요!

인칭과 단복수 이해하기

- 1인칭 '나(본인)'을 말한다.
- 2인칭 '너(상대방)'을 말한다.
- 3인칭 '나'와 '너'를 제외한 모든 것(사물, 추상체 포함)을 말한다.

- 단수 하나   • 복수 둘 이상

일반동사의 3인칭 단수 현재형 만들기

대부분의 동사 + -s	begins, gives, rings, takes, likes 등
-s, -ss, -ch, -sh, -x + es	passes, finishes, watches등
자음+o + -es	does, goes 등
자음+y: -y → -i+es	tries, studies 등
※모음+y: + -s	enjoys, says, stays 등

★ have의 3인칭 단수형: has

- The sun exists.
  태양은 존재한다.

- She drives.
  그녀는 운전한다.

다음 주어진 현재 문장에서 잘못된 부분을 고치세요.

1. The man go.

2. The cat dance.

3. The woman sleep.

4. The dog live.

5. The orange fall.

6. The girl walk.

다음 주어진 현재 문장에서 잘못된 부분을 고치세요.

1. The life shine.

2. The star appear.

3. The tree die.

4. Water exist.

5. The deer jump.

6. The store open.

다음 주어진 해석에 맞게 빈칸을 채우세요.

1. 아버지가 달린다. → The father _____

2. 아기가 걷는다. → The baby _____

3. 여자가 운전한다. → The woman _____

4. 토끼가 춤춘다. → The rabbit _____

5. 남자가 일한다. → The man _____

6. 변호사가 거짓말을 한다. → The lawyer _____

---- **Exercise 2-1** --------------------------------------

다음 주어진 해석에 맞게 빈칸을 채우세요.

1. 개구리가 운다. → The frog _____

2. 박스가 떨어진다. → The box _____

3. 소녀가 소리 지른다. → The girl _____

4. 소가 나타난다. → The cow_____

5. 말이 마신다. → The horse _____

6. 모델이 수영한다. → The model _____

문장의 1형식과 2형식

Today Words

1	*happen*	ⓥ일어나다	'해픈
2	*scream*	ⓥ비명지르다 ⓝ비명	스크림
3	*disappear*	ⓥ사라지다	디써'피어
4	*rise*	ⓥ증가하다, 일어나다 ⓝ증가	롸이ㅈ
5	*set*	ⓥ(해가) 뜨다, 놓다 ⓝ모음, 세트	'셑
6	*travel*	ⓥ여행하다 ⓝ여행	'ㅌ뤠'블
7	*matter*	ⓝ문제, 물질 ⓥ중요하다	'매터-
8	*count*	ⓥ(수를) 세다, 중요하다	'카운ㅌ
9	*turn*	ⓥ돌다, 되다	'터-언
10	*seem*	ⓥ~처럼 보이다	씸
11	*look*	ⓥ보다, ~처럼 보이다	'(을)룩
12	*smell*	ⓥ냄새가 나다 ⓝ냄새	'스멜
13	*feel*	ⓥ느끼다	"필
14	*sound*	ⓥ~한 소리가 나다 ⓝ소리 ⓐ건강한	'사운ㄷ
15	*taste*	ⓥ~한 맛이 나다	'테이ㅅㅌ
16	*become*	ⓥ~이 되다, 어울리다	비'컴
17	*get*	ⓥ얻다, 얻게 하다, 되다	'겥
18	*keep*	ⓥ지키다, 유지하다	'킾
19	*remain*	ⓥ남다, ~인 채로 있다	뤼'메인
20	*tired*	ⓐ피곤한, 싫증난	'타이ㅓ-ㄷ
21	*busy*	ⓐ바쁜	'비ㅈ이
22	*free*	ⓐ자유로운, 무료의	"ㅍ뤼
23	*angry*	ⓐ화난	'앵ㄱ뤼
24	*sun*	ⓝ태양, 해	'썬
25	*moon*	ⓝ달	'문

DAY 10   문장의 1형식과 2형식

그녀는 천사같고 별은 빛난다.

문장의 형식은 동사가 결정하고 하나의 동사가 여러 형식을 맡기도 합니다.
그럴 경우 보통 형식에 따라 다른 뜻이 사용됩니다.

- 1형식: 주어+ 동사
  명+은/는/이/가
  (주인공)

- 2형식: 주어+ 동사 + 보어
  명/형
  (보충어)

- A star shines.
  별이 빛난다.

- She is smart.
  그녀는 똑똑하다.

- She is a lawyer.
  그녀는 변호사이다.

대표 1형식 동사

go (가다), come (오다), smile (미소 짓다), cry (울다), swim (수영하다), run (달리다), sleep (자다), appear (나타나다), shine (빛나다) count / matter (중요하다) 등

대표 2형식 동사

seem /appear /look (~처럼 보이다), smell (~한 냄새가 나다), feel (~라고 느끼다), sound (~처럼 들리다), taste (~한 맛이 나다), become /get (되다), keep /remain (~을 유지하다) 등

- Every minute counts.
  모든 순간이 중요하다.

- She looks great.
  그녀는 대단해 보여.

- She looks like an angel.
  그녀는 천사처럼 보여.

⭐ 감각동사(look, smell, feel, sound, taste) 뒤에 명사는 like와 함께 온다.

다음 주어진 문장이 몇 형식인지 확인하고 해석하세요.

1. The pig is fat.

2. The sun shines.

3. The fat pig appears.

4. The pig appears fat.

5. The plan sounds great.

6. The pretty deer swims.

7. The egg smells bad.

8. The girl looks smart.

9. The smart girl lies.

10. She seems busy.

다음 주어진 문장을 1형식 문장으로 영작하세요.

1. 그는 달린다.

→ _____

2. 그는 걷는다.

→ _____

3. 그녀는 운전한다.

→ _____

4. 그녀는 춤춘다.

→ _____

---- **Exercise 3** -----------------------------------

다음 주어진 문장을 2형식 문장으로 영작하세요.

1. 그는 강하다.

→ _____

2. 그는 강해 보인다.

→ _____

3. 오렌지는 좋은 냄새가 난다.

→ _____

4. 교수님은 젊어 보인다.

→ _____

11 부사

Today Words

1	*every day*	ⓝ(a)매일	'에'ㅂ뤼 '데이
2	*tonight*	ⓝ(a)오늘밤	투'나잍
3	*yesterday*	ⓝ(a)어제	'예ㅅ터데이
4	*today*	ⓝ(a)오늘, 현재	투'데이
5	*tomorrow*	ⓝ(a)내일	투'머,뤄우
6	*now*	(a)지금	'나ㅜ
7	*early*	ⓐ이른, (a)일찍이	'얼-리
8	*together*	(a)함께	투'게-ㄷ허
9	*very*	(a)매우	''베뤼
10	*well*	(a)잘, 충분히 ⓝ우물	'웰
11	*far*	ⓐ먼 (a)멀리, 훨씬	''파
12	*too*	(a)너무 많이(부정적), 또한	'투
13	*so*	(a)정말, 매우 ⓒ그래서	'소ㅜ
14	*much*	ⓐ많은 (a)많이, 정말, 매우	'뫄치
15	*again*	(a)다시	어'겐
16	*soon*	(a)곧	'순
17	*suddenly*	(a)갑자기	써든리
18	*alone*	(a)홀로, 외로이	얼론
19	*so far*	(a)지금까지	'쏘우 ''퐈
20	*time*	ⓝ시간, 기간	'타임
21	*hour*	ⓝ시간	'아우어-
22	*second*	ⓝ초, 잠깐 ⓐ두 번째의	세컨ㄷ
23	*minute*	ⓝ분, 순간	'미뉴ㅌ
24	*year*	ⓝ해, 년	'이어
25	*ago*	(a)~전에	어'고ㅜ

DAY 11 부사

좀 더 자세히 이야기해봐~

부사는 문장의 구성요소는 되지 못하고 수식, 즉 꾸미기 담당입니다. 형용사의 수식을 받는 명사를 제외하고 형용사, 동사, 또 다른 부사, 문장전체를 꾸밉니다.
뜻은 주로 강조, 시간, 장소, 이유, 방법 등으로 다양합니다.

일반부사

very   매우
here   여기, 여기서
now   이제, 지금

- He is a fireman now.
  그는 이제 소방관이다.

형용사+ly =부사

truly   정말로, 진실로
really   진짜로
happily   행복하게

- She really looks like an angel.
  그녀는 진짜로 천사처럼 보여.

형용사와 형태가 동일한 경우

형용사 (명사 수식)	부사 (명사 외 수식)
long life 긴 삶	live long 오래 살다
hard work 힘든 일	work hard 열심히 일하다
early morning 이른 아침	get up early 일찍 일어나다

---- **Exercise 1** -------------------------------

다음 주어진 해석에 맞게 빈칸을 채우세요.

1. He is a dentist _____. (그는 이제 치과의사이다.)

2. I am busy _____. (나는 오늘 바쁘다.)

3. You came _____. (너는 일찍 왔다.)

4. They live _____. (그들은 함께 산다.)

5. The sheep sleeps _____. (양은 잘 잔다.)

6. The pilot goes _____. (그 파일럿은 혼자 간다.)

7. The boy comes _____. (그 소년은 매일 온다.)

8. She is v_____ sad. (그녀는 매우 슬프다.)

9. Sally is r_____ brave. (샐리는 정말로 용감하다.)

10. Students swim _____. (학생들은 여기서 수영한다.)

다음 주어진 문장을 영작하세요.

1. 우리는 함께 춤춘다. → _____

2. 그는 매일 온다. → _____

3. 그들은 매우 슬프다. → _____

4. 토끼는 잘 점프한다. → _____

5. 나는 정말로 피곤하다. → _____

6. Kate는 열심히 일한다. → _____

---- **Exercise 2-1** -------------------------------

다음 주어진 문장을 영작하세요.

1. 그녀는 혼자 여행한다. → _____

2. 너는 일찍 간다. → _____

3. 나는 행복하게 뛴다. → _____

4. 그는 이제 행복하다. → _____

5. 우리는 매일 수영한다. → _____

6. 그는 매우 잘 잔다. → _____

12 관사 이해하기

Today Words

1	*body*	ⓝ몸, 몸통	'바디
2	*head*	ⓝ머리	'헤ㄷ
3	*hair*	ⓝ머리카락, 털	'헤어
4	*brain*	ⓝ뇌	브뤠인
5	*hand*	ⓝ손 ⓥ건내다	'핸ㄷ
6	*leg*	ⓝ다리	'(을)레ㄱ
7	*arm*	ⓝ팔	'암
8	*foot*	ⓝ발	"풑
9	*neck*	ⓝ목	'넥
10	*throat*	ⓝ목구멍	θ로우ㅌ
11	*shoulder*	ⓝ어깨	'쉬ㅗ울더
12	*chest*	ⓝ가슴	체스ㅌ
13	*back*	ⓝ뒤, 등 ⓐ뒤의 (a)뒤로	'백
14	*knee*	ⓝ무릎	'니
15	*finger*	ⓝ손가락	"핑거
16	*tall*	ⓐ키가 큰	'ㅌ(ㅗ)알
17	*long*	ⓐ긴 (a)길게	'(을)렁
18	*short*	ⓐ짧은, 키 작은, 부족한 (a)짧게	'쉬(ㄴ)ㅓ-ㅌ
19	*strong*	ⓐ강한, 힘이 쎈	'ㅅㅌ로(ㄴ)앙
20	*weak*	ⓐ약한	'윅
21	*opportunity*	ⓝ기회	아퍼-투너티
22	*luck*	ⓝ행운, 운	'(을)럭
23	*chance*	ⓝ기회, 우연	'챈ㅅ
24	*voice*	ⓝ목소리	붜이ㅅ
25	*nephew (niece)*	ⓝ조카 아들(조카 딸)	'네'퓨 ('니ㅅ)
26	*cousin*	ⓝ사촌	커전

DAY 12 관사 이해하기
어 다르고 더 다르다?

파고들면 끝이 없는 관사지만 핵심만 제대로 이해해도 영어 실력이 확 올라가요!

부정관사 a /an

- 셀 수 있는 명사에만 사용
- '부정'이라는 것은 정해지지 않았다는 것이다.
- 사용 시 특정되지 않은 하나의 명사를 의미한다.

  - I love a girl.
    나는 한 소녀를 사랑한다.

정관사 the

- 모든 명사에 사용 가능
- '정'해져 있다는 것이다.
- 사용시 특정된 명사를 의미한다.

  - I love the girl.
    나는 그 소녀를 사랑한다.

다음 주어진 문장을 관사에 유의하며 해석하세요.

1. A singer sings well.

2. The singer sings well.

3. A model is tall.

4. The model is tall.

5. Models are tall.

6. The models are tall.

다음 주어진 문장을 관사에 유의하며 해석하세요.

1. I like bread.

2. I like the girl.

3. I like a girl.

4. I like an orange.

5. The worker works hard.

6. The workers work every day.

다음 주어진 한국말에 맞게 영작하세요.

1. 의사들이 친절하다.

→ _____

2. 그 의사는 친절하다.

→ _____

3. 사과는 빨갛다.

→ _____

4. 그 사과는 빨갛다.

→ _____

---- **Exercise 2-1** ------------------------------

다음 주어진 한국말에 맞게 영작하세요.

1. 그는 파일럿이다.

→ _____

2. 그 소녀는 춤을 잘 춘다.

→ _____

3. 새는 난다. (bird)

→ _____

4. 그 새는 높이 난다.

→ _____

Today Words

1	Korea	ⓝ한국	코'뤼아
2	Korean	ⓐ한국의, 한국인의 ⓝ한국인	코'뤼언
3	The United States	ⓝ미국	ㄷ허 유나이티ㄷ '스테이ㅊ
4	American	ⓐ미국의, 미국인의 ⓝ미국인	어'메뤼컨
5	Japan	ⓝ일본	져'팬
6	Japanese	ⓐ일본의, 일본인의 ⓝ일본인	재퍼'니ㅈㅇ
7	China	ⓝ중국	'챠이나
8	Chinese	ⓐ중국의, 중국인의 ⓝ중국인	챠이'니ㅈ
9	France	ⓝ프랑스	"프뢩ㅅ
10	French	ⓐ프랑스의, 프랑스인의 ⓝ프랑스인	프뤤칰
11	The United Kingdom	ⓝ영국	ㄷ허 유나이티ㄷ 킹덤
12	British	ⓐ영국의, 영국인의 ⓝ영국인	'브뤼티싴
13	Germany	ⓝ독일	'졀메니
14	Russia	ⓝ러시아	'뤄샤
15	Canada	ⓝ캐나다	'캐나다
16	Italy	ⓝ이탈리아	'이틀리
17	Asia	ⓝ아시아	'에이샤
18	Europe	ⓝ유럽(대륙)	'유렆
19	Africa	ⓝ아프리카	'애'프뤼카
20	continent	ⓝ대륙	칸티넌ㅌ
21	world	ⓝ세계	'워-ㄹㄷ
22	country	ⓝ지역, 나라	'컨ㅌ뤼
23	city	ⓝ도시	'씨티
24	capital	ⓝ수도, 대문자 ⓐ중요한	'캐피틀
25	flag	ⓝ깃발	"플래ㄱ

DAY 13 전치사 (상)
혼자서는 아무 것도 못하는 전치사

전치사는 항상 명사와 함께 사용됩니다. 전치사 + 명사를 하나의 부사로 볼 수 있습니다. 따라서 문장에서 수식하는 역할만을 합니다.

주요 전치사

단어	뜻	단어	뜻
in	~안에	to	~에게, ~에, ~까지
on	~위에	from	~로 부터
about	~에 관해서	before	~전에
by	~옆에, ~에 의해서	after	~후에
for	~을 위해서, ~동안	at	~에
with	~와 함께	of	~의
without	~없이		

- She is happy after school.
  그녀는 방과 후에 행복하다.

- The rabbit jumps on the table.
  토끼가 테이블 위에서 점프한다.

- He drove from Busan to Seoul.
  그는 부산에서 서울까지 운전했다.

다음 주어진 한국말에 맞게 빈칸을 채우세요.

1. A rabbit jumps _____ the box.

   (토끼가 박스 안에서 점프한다.)

2. The sheep sleeps _____ the table.

   (양이 테이블 위에서 잔다.)

3. I got a message _____ her.

   (나는 그녀로부터 메시지를 받았다.)

4. She lives _____ her parents.

   (그녀는 부모없이 산다.)

5. They live _____ China.

   (그들은 중국에 산다.)

6. We left _____ her.

   (우리는 그녀와 함께 떠났다.)

7. The girl came _____ lunch.

   (그 소녀는 점심 전에 왔다.)

8. He was very curious _____ you.

   (그는 너에 대해서 매우 궁금해했다.)

---- **Exercise 1-1** --------------------------------

다음 주어진 한국말에 맞게 빈칸을 채우세요.

1. The man dances _____ the woman.

   (그 남자는 그 여자와 춤을 춘다.)

2. I'm here just _____ you.

   (나는 오직 널 위해서 여기에 있다.)

3. He always works _____ morning _____ night.

   (그는 항상 아침부터 밤까지 일한다.)

4. There are many animals _____ Africa.

   (아프리카에 많은 동물들이 있다.)

5. We often talk _____ him.

   (우리는 종종 그에 대해서 이야기한다.)

6. The apples _____ the basket are green.

   (바구니 안에 있는 사과들은 초록색이다.)

7. There is some bread _____ the chair.

   (의자 위에 약간의 빵이 있다.)

8. He looks tired _____ the meeting.

   (회의가 끝난 후에 그는 피곤해 보인다.)

14 전치사(하)

Today Words

1	*place*	ⓝ장소 ⓥ놓다	'플레이ㅅ
2	*church*	ⓝ교회	'치어ㅓ-취
3	*bank*	ⓝ은행, 둑	'뱅ㅋ
4	*supermarket*	ⓝ슈퍼마켓	'수퍼마킽
5	*restaurant*	ⓝ레스토랑, 식당	뤠스퉈란ㅌ
6	*bookstore*	ⓝ서점	'붘스터어
7	*bakery*	ⓝ빵집, 베이커리	'베이커뤼
8	*airport*	ⓝ공항	'에ㅓ,ㅍ(ㅗ)ㅓ-ㅌ
9	*drugstore*	ⓝ약국	'드럭스퉈
10	*department store*	ⓝ백화점	디'파ㅌ먼ㅌ '스토어
11	*convenient store*	ⓝ편의점	컨"비니언ㅌ '스퉈어
12	*post office*	ⓝ우체국	포우스ㅌ '아'피ㅅ
13	*police station*	ⓝ경찰서	펄'리ㅅ '스테이션
14	*fire station*	ⓝ소방서	"파이어 '스테이션
15	*hotel*	ⓝ호텔	,호ㅜ텔
16	*gym*	ⓝ체육관	짐
17	*office*	ⓝ사무실	'아'피ㅅ
18	*library*	ⓝ도서관	'(을)라이브뤠뤼
19	*movie theater*	ⓝ영화관	'무'비 'θㅣ어터
20	*hospital*	ⓝ병원	'하,ㅅ핕을
21	*city hall*	ⓝ시청	'씨티 '할
22	*shop*	ⓝ가게	'쉬앞
23	*store*	ⓝ가게 ⓥ저장하다	'ㅅㅌ(ㅗ)ㅓ-
24	*apartment*	ⓝ아파트	어'파트먼ㅌ
25	*building*	ⓝ빌딩, 건물	빌딩

DAY 14 전치사(하)

오늘 아침에 당신을 만났다.

가장 실용적인 시간표시 전치사를 추가로 공부해볼 것이에요. 날짜, 요일과도 관련이 있으니 먼저 p.60쪽 부록을 공부하고 연습문제를 푸세요!

시간표시 전치사

at	분, 시, 정오, 자정과 같은 구체적인 시각 앞에 사용
on	요일, 날짜, 주말, 특정한 날 앞에 사용
in	오전, 오후, 월, 계절, 년, 세기 앞에 사용

- at 8:30, at noon, at night, at the end of this year
  8시 반에, 정오에, 밤에, 올해 말에

- on Sunday, on June 6, on a rainy day, on the weekends
  일요일에, 6월 6일에, 비오는 날에, 주말에

- in the morning, in May, in 1985, in the 21st century
  아침에, 5월에, 1985년에, 21세기에

Marina	What time did you meet Lala on Monday?
Paul	At six.
Marina	At six in the morning?
Paul	Yes, we didn't just meet in the early morning, but on the morning of May 28. We couldn't help it. She was too busy that day.
Marina	What was the big deal?
Paul	Should I tell you what the biggest event in May is? It's my birthday!
Marina	Oh, I'm sorry. I forgot···.

다음 주어진 한국말에 맞게 빈칸을 채우세요.

1. 화요일에 → _____

2. 10시 반에 → _____

3. 여름에 → _____

4. 정오에 → _____

5. 아침에 → _____

6. 주말에 → _____

7. 3월에 → _____

---- **Exercise 1-1** ------------------------------------

다음 주어진 한국말에 맞게 빈칸을 채우세요.

1. 밤에 → _____

2. 일요일에 → _____

3. 올해 말에 → _____

4. 5월에 → _____

5. 1923년에 → _____

6. 겨울에 → _____

7. 21세기에 → _____

■ 영어로 날짜 읽기

월

1월	January	5월	May	9월	September
2월	Febrary	6월	June	10월	October
3월	March	7월	July	11월	November
4월	April	8월	August	12월	December

날짜 (서수)

1st	first	11th	eleventh	21st	twenty first
2nd	second	12th	twelfth	22nd	twenty second
3rd	third	13th	thirteenth	23rd	twenty third
4th	fourth	14th	fourteenth	24th	twenty fourth
5th	fifth	15th	fifteenth	25th	twenty fifth
6th	sixth	16th	sixteenth	26th	twenty sixth
7th	seventh	17th	seventeenth	27th	twenty seventh
8th	eighth	18th	eighteenth	28th	twenty eighth
9th	ninth	19th	nineteenth	29th	twenty ninth
10th	tenth	20th	twentieth	30th	thirtieth
				31st	thirty first

8월 15일? August fifteenth

4월 2일? April second

■ 영어로 요일 읽기

평일	weekday	월	Monday	목	Thursday
		화	Tuesday	금	Friday
		수	Wednesday		
주말	weekend	토	Saturday	일	Sunday

Today Words

1	weather	ⓝ날씨	'웨ㄷ허-
2	sunny	ⓐ화창한, 햇살 좋은	'써니
3	snowy	ⓐ눈 덮인, 눈이 많이 내리는	'스노우이
4	windy	ⓐ바람이 많이 부는	'윈디
5	cloudy	ⓐ흐린, 구름 낀	'클라우디
6	rainy	ⓐ비가 오는, 비의	'뤠이니
7	hot	ⓐ더운, 뜨거운, 매운	핱
8	cool	ⓐ시원한, 멋진, 냉담한	쿨
9	cold	ⓐ추운, 냉정한 ⓝ감기	코울ㄷ
10	warm	ⓐ따뜻한	워-음
11	foggy	ⓐ안개 낀, 흐린, 침침한	"파기
12	rain	ⓥ비가 오다 ⓝ비	'뤠인
13	snow	ⓥ눈이 오다 ⓝ눈	'스노ㅜ
14	wind	ⓝ바람	윈ㄷ
15	cloud	ⓝ구름	'클라ㅜㄷ
16	fog	ⓝ안개, 흐림	풔ㄱ
17	frost	ⓝ서리	프뤄스ㅌ
18	shower	ⓝ소나기, 샤워	'쉬ㅏ워-
19	storm	ⓝ폭풍우	'ㅅㅌ(ㅗ)ㅓ-ㅁ
20	rainbow	ⓝ무지개	'뤠인,보ㅜ
21	season	ⓝ계절 ⓥ양념하다	'씨즌
22	spring	ⓝ봄, 샘, 용수철 ⓐ봄의	'ㅅㅍ링
23	summer	ⓝ여름 ⓐ여름의	'서머-
24	autumn (fall)	ⓝ가을 ⓐ가을의	'아텀
25	winter	ⓝ겨울 ⓐ겨울의	'윈터-

DAY 15   비인칭 it
주인공 자리를 비워둘 수는 없지!

날씨, 계절, 날짜, 명암, 시간, 거리, 막연한 상황 등을 나타낼 때 주어자리를
비워두지 않기 위해 사용합니다.

- It is rainy today.
  오늘 비가 온다.

- It is summer now.
  이제 여름이다.

- It is May 21st.
  5월 21일이다.

- It is dark in the room.
  방이 어둡다.

- It is two o'clock.
  두시다.

- It is 3 kilometers.
  3킬로미터이다.

다음 주어진 문장을 비인칭 it을 사용하여 영작하세요.

1. 수요일이다. → _____

2. 겨울이다. → _____

3. 어둡다. → _____

4. 시원하다. → _____

5. 화창하다. → _____

6. 밝다. → _____

7. 구름이 끼었다. → _____

8. 4시다. → _____

9. 춥다. → _____

10. 따뜻하다. → _____

다음 주어진 문장을 비인칭 it을 사용하여 영작하세요.

1. 어제는 화요일이었다. → _____

2. 한국은 여름이다. → _____

3. 여기는 밝다. → _____

4. 방이 어두웠다. → _____

5. 지금 7시다. → _____

6. 서울은 덥다. → _____

7. 밤에는 시원하다. → _____

8. 교회까지 3키로이다. → _____

9. 어제는 추웠다. → _____

10. 오늘은 따뜻하다. → _____

16 this, that(상)

Today Words

1	*vegetable*	ⓝ채소 ⓐ채소의	"베줘터블
2	*fruit*	ⓝ과일	"ㅍ루ㅌ
3	*peach*	ⓝ복숭아	'피ᄎ
4	*banana*	ⓝ바나나	버'내나
5	*melon*	ⓝ멜론	'멜런
6	*apple*	ⓝ사과	'애플
7	*strawberry*	ⓝ딸기	'스트롸베뤼ㅈ
8	*grape*	ⓝ포도	'그뤠잎ㅅ
9	*kiwi*	ⓝ키위	'키위
10	*pineapple*	ⓝ파인애플	'파이내플
11	*cherry*	ⓝ체리	'체리ㅈ
12	*lemon*	ⓝ레몬	(을)레먼
13	*pear*	ⓝ배	'페ㅓ
14	*cabbage*	ⓝ양배추	캐비직
15	*mango*	ⓝ망고	'맹고우
16	*sweet potato*	ⓝ고구마	'스위ㅌ 퍼'테이토우
17	*onion*	ⓝ양파	아니언
18	*carrot*	ⓝ당근	캐뤁
19	*garlic*	ⓝ마늘	갈릭
20	*tomato*	ⓝ토마토	터'메이,토ㅜ
21	*pumpkin*	ⓝ호박	펌프킨
22	*nut*	ⓝ견과, 너트	넡
23	*fresh*	ⓐ신선한	"ㅍ뤠쉬
24	*rotten*	ⓐ썩은	'롸튼
25	*ripe*	ⓐ익은, 원숙한	롸이ㅍ

DAY 16 this, that(상)

이것은 복숭아이다.

'이것', '저것' 가리킬 때 사용하는 지시대명사 this와 that은 명사, 형용사,
부사로 사용될 수 있습니다.

명사

- This is a peach. (주어 역할)
  이것은 복숭아이다.

- That is a lemon. (주어 역할)
  저것은 레몬이다.

형용사

- This peach is sweet. (명사 수식)
  이 복숭아는 달콤하다.

- That lemon is sour. (명사 수식)
  저 레몬은 시다.

부사

- The peach is this sweet. (형용사 수식)
  복숭아가 이토록 달콤하다.

- The lemon is that sour. (형용사 수식)
  레몬이 저토록 시다.

다음 주어진 문장을 this나 that을 활용하여 영작하세요.

1. 저것은 복숭아이다.

→ _____

2. 이것은 당근이다.

→ _____

3. 저것은 양파다.

→ _____

4. 이것은 토마토다.

→ _____

5. 저것은 딸기다.

→ _____

6. 이것은 호박이다.

→ _____

7. 저것은 키위다.

→ _____

8. 이것은 레몬이다.

→ _____

9. 저것은 마늘이다.

→ _____

10. 이것은 고구마다.

→ _____

다음 주어진 문장을 this나 that을 활용하여 영작하세요.

1. 이 레몬은 노랗다. → _____

2. 저 양파는 작다. → _____

3. 이 고구마는 크다. → _____

4. 이 과일은 초록색이다. → _____

5. 이 파인애플은 달다. → _____

6. 저 포도는 보라색이다. → _____

7. 이 바나나는 길다. → _____

8. 저 딸기는 빨갛다. → _____

9. 이 호박은 크다. → _____

10. 저 멜론은 단단하다. → _____

17 ▶ this, that (하)

Today Words

1	*clothes*	ⓝ옷	클로ㅜㄷㅎㅈㅇ
2	*skirt*	ⓝ치마, 스커트	'ㅅ컬-ㅌ
3	*trousers (pants)*	ⓝ바지	'트롸우ㅈ어ㅈ
4	*shorts*	ⓝ반바지	'쇼어ㅊ
5	*jeans*	ⓝ청바지	진ㅈ
6	*T-shirt*	ⓝ티셔츠	'티쉬어ㅌ
7	*sweater*	ⓝ스웨터	'스웨터-
8	*blouse*	ⓝ블라우스	'블라우ㅅ
9	*jacket*	ⓝ자켓	쟈켙
10	*coat*	ⓝ코트 ⓥ뒤덮다, 코팅하다	'코ㅜㅌ
11	*dress*	ⓝ드레스	'드뤠ㅅ
12	*suit*	ⓝ정장	수ㅌ
13	*uniform*	ⓝ제복, 유니폼	'유니'폼
14	*underwear*	ⓝ속옷	'언더웨어
15	*pajamas*	ⓝ잠옷, 파자마	퍼쥑아머ㅈ
16	*swimsuit*	ⓝ수영복	'스윔숱
17	*shoes*	ⓝ구두	'쉬ㅜㅈㅇ
18	*boots*	ⓝ부츠	'부ㅊ
19	*high heels*	ⓝ하이힐	'하이 '힐ㅈ
20	*sneakers*	ⓝ스니커즈	'스니커ㅈ
21	*size*	ⓝ크기	'사이ㅈㅇ
22	*pair*	ⓝ한 쌍 ⓥ짝 지우다	'페어-
23	*put on*	ⓥ입다	'푿 안
24	*put off*	ⓥ벗다, 미루다, 연기하다	'푿 '아'ㅍ
25	*wear*	ⓥ입고 있다, 착용 중이다	'웨ㅓ-

DAY 17 this, that(하)

바지는 한 벌이어도 팬츠지 팬트가 아니야.

'이것', '저것' 가리킬 때 사용하는 지시대명사 this와 that의 복수형과
그 쓰임에 대해서 공부해보아요!

	이(것)	저(것)
단수	this	that
복수	these	those

- This is a pumpkin.
  이것은 호박이다.

- These are pumpkins.
  이것들은 호박이다.

- These pumpkins are big.
  이 호박들은 크다.

- Those are pants.
  저것(들)은 바지다. (바지는 항상 복수형으로 씀)

---- **Exercise 1** -----------------------------------

다음 괄호 안에서 적절한 표현을 골라 O표 하고 해석하세요.

1. (This is / These are) your blouse.

2. (That is / Those are) my boots.

3. (This is / These are) her skirt.

4. (This is / These are) my shoes.

5. (That is / Those are) his shorts.

---- **Exercise 1-1** -----------------------------------

다음 괄호 안에서 적절한 표현을 골라 O표 하고 해석하세요.

1. (This is / These are) his coat.

2. (That is / Those are) our sneakers.

3. (This is / These are) your jeans.

4. (That is / Those are) my swimsuit.

5. (This is / These are) her sweater.

다음 주어진 문장을 영작하세요.

1. 이것은 나의 드레스이다.

→ _____

2. 이것은 그녀의 반바지이다.

→ _____

3. 저것은 그의 수영복이다.

→ _____

4. 이것들은 그들의 유니폼이다.

→ _____

5. 저것은 나의 청바지이다.

→ _____

6. 저것들을 우리의 티셔츠이다.

→ _____

7. 이것은 너의 코트이다.

→ _____

8. 이것들을 우리의 치마이다.

→ _____

9. 저것은 그의 신발이다.

→ _____

10. 저것은 그녀의 자켓이다.

→ _____

18 일반동사 과거형(규칙)

Today Words

1	*need*	ⓥ필요로 하다 ⓝ필요, 요구	'니ㄷ
2	*arrive*	ⓥ도착하다	어'라이'ㅂ
3	*carry*	ⓥ운반하다, 지니다	'캐뤼
4	*visit*	ⓥ방문하다	"비ㅈ이ㅌ
5	*start*	ⓥ출발하다, 시작하다	'ㅅ타ㅌ
6	*end*	ⓥ끝내다 ⓝ끝	'엔ㄷ
7	*stay*	ⓥ머물다	'ㅅ테이
8	*listen*	ⓥ듣다	'(을)리슨
9	*play*	ⓥ놀다, 경기하다, 재생하다, 연주하다 ⓝ연극	'플레이
10	*miss*	ⓥ그리워하다, 놓치다, 피하다	'미ㅅ
11	*move*	ⓥ이동하다, 이사하다, 감동시키다	'무'ㅂ
12	*marry*	ⓥ결혼하다	'메뤼
13	*follow*	ⓥ따르다	"팔로ㅜ
14	*grab*	ⓥ움켜잡다, 잠깐~하다	그뢥
15	*dream*	ⓝ꿈 ⓥ꿈꾸다 ⓐ꿈의	'ㄷ림
16	*ignore*	ⓥ무시하다	이그노-어
17	*protect*	ⓥ보호하다	프러텍ㅌ
18	*enough*	ⓐ충분한 (a)충분히	어너'프
19	*every*	ⓐ모든, 매 ~마다의	'에'ㅂ뤼
20	*all*	ⓝ모든 것 ⓐ모든 (a)완전히	(ㅗ)얼
21	*important*	ⓐ중요한	임포어턴ㅌ
22	*easy*	ⓐ쉬운, 편안한	'이ㅈ이
23	*difficult*	ⓐ어려운, 힘든	디'퍼컬ㅌ
24	*wide*	ⓐ넓은 (a)넓게	'와이ㄷ
25	*narrow*	ⓐ좁은 ⓥ좁히다	'네로ㅜ

DAY 18 일반동사 과거형(규칙)

그녀는 그를 사랑했다.

be동사의 과거형을 배운 것처럼 일반동사의 과거형도 알아야 됩니다.
대부분은 동사에 -ed를 붙이면 된답니다.

일반동사의 과거형 만들기 (규칙)

동사의 종류	만드는 방법	예시
대부분의 동사와 -e로 끝나는 동사	동사원형 + (e)d를 붙인다.	worked, finished, liked, danced,..
자음+y 로 끝나는 동사	y를 i로 바꾸고, -ed를 붙인다.	try → tried, study → studied,…
모음+y 로 끝나는 동사	그대로 -ed를 붙인다.	enjoyed, stayed,…
단모음+단자음 으로 끝나는 1음절 동사	자음을 한 번 더 쓰고 -ed를 붙인다.	stopped, planned,…

cf. She works.
   그녀는 일한다.

• She worked.
   그녀는 일했다.
   ※ 과거는 현재와 달리 3인칭 단수의 영향을 받지 않음

• They needed some food.
   그들은 음식이 필요했다.

다음 주어진 단어들의 과거형을 쓰세요.

1. follow   _____   6. help   _____

2. clean   _____   7. work   _____

3. visit   _____   8. listen   _____

4. carry   _____   9. play   _____

5. like   _____   10. act   _____

---- **Exercise 1-1** --------------------------------

다음 주어진 단어들의 과거형을 쓰세요.

1. happen   _____   6. smile   _____

2. stay   _____   7. answer   _____

3. wait   _____   8. marry   _____

4. need   _____   9. start   _____

5. move   _____   10. miss   _____

Exercise 2 --------------------------------

다음 주어진 문장을 과거형 문장으로 다시 쓰세요.

1. I need you. → _____

2. I move to Seoul. → _____

3. She visits London. → _____

4. They stay in New York. → _____

5. I marry my husband. → _____

6. She listens to music. → _____

7. Lilly carries the bag. → _____

8. He acts like an idiot. → _____

9. You play the piano. → _____

10. They wait for you. → _____

Today Words

1	*have*	ⓥ가지다, 하게 하다	해'ㅂ
2	*see*	ⓥ보다, 이해하다	씨
3	*write*	ⓥ(글을) 쓰다	'롸이ㅌ
4	*spend*	ⓥ소비하다	'스펜ㄷ
5	*read*	ⓥ읽다	뤼ㄷ
6	*stand up*	ⓥ일어나다	'스탠ㄷ 엎
7	*sit down*	ⓥ앉다	앁 '다운
8	*win*	ⓥ이기다	'윈
9	*lose*	ⓥ잃다, 놓치다, 지다	'(을)루ㅈㅇ
10	*let*	ⓥ하게 하다	'(을)렡
11	*learn*	ⓥ배우다, 알다	'(을)럴-은
12	*forget*	ⓥ잊다	ㅍㅓ-'겥
13	*hear*	ⓥ듣다	'히어
14	*begin*	ⓥ시작하다	비'긴
15	*break*	ⓥ깨다, ⓝ휴식	'브레잌
16	*care for*	ⓥ~을 돌보다	'케어 '풔
17	*record*	ⓥ기록하다, ⓝ기록, 음반	레'ㅋ(ㅗ)ㅓ-ㄷ
18	*roll*	ⓥ구르다, 굴리다 ⓝ두루마리	로울
19	*copy*	ⓥ복사하다 ⓝ사본, 복사	'카피
20	*hurry*	ⓝ긴급 ⓥ서두르다	'허-뤼
21	*excuse*	ⓝ변명, 사과 ⓥ용서하다	잌'ㅅ큐ㅅ
22	*retire*	ⓥ은퇴하다, 퇴직하다	뤼타이어
23	*accept*	ⓥ받아들이다	액셒ㅌ
24	*complain*	ⓥ불평하다, 항의하다	컴플레인
25	*blame*	ⓥ비난하다 ⓝ비난	블레임

DAY 19 일반동사 과거형(불규칙

eat의 과거형은 eated 아니옵니다ㅠㅠ

동사에 -ed를 붙여서 과거형을 만들지 않고 불규칙 변화를 하는 동사들이 있습니다.
자주 쓰는 동사들이기 때문에 꼭 암기해주어야 합니다.ㅠㅠ

기본형	과거형	의미	기본형	과거형	의미
become	became	되다	keep	kept	유지하다
begin	began	시작하다	hurt	hurt	상처 내다
bring	brought	가져오다	know	knew	알다
build	built	짓다	leave	left	떠나다
buy	bought	사다	lose	lost	잃다
come	came	오다	make	made	만들다
choose	chose	선택하다	meet	met	만나다
cut	cut	자르다	put	put	놓다
do	did	하다	read	read	읽다
drink	drank	마시다	run	ran	뛰다
drive	drove	운전하다	say	said	말하다
eat	ate	먹다	see	saw	보다
feel	felt	느끼다	sell	sold	팔다
find	found	발견하다	send	sent	보내다
get	got	얻다	sing	sang	노래하다
give	gave	주다	sleep	slept	자다
go	went	가다	take	took	취하다
grow	grew	자라다	teach	taught	가르치다
have	had	가지다	tell	told	말하다
hear	heard	듣다	think	thought	생각하다
hide	hid	숨기다	understand	understood	이해하다
hit	hit	치다	win	won	이기다

---- **Exercise 1** ----------------------------------

다음 주어진 단어들의 과거형을 쓰세요.

1. write   _____   6. have   _____
2. read   _____   7. see   _____
3. set   _____   8. win   _____
4. sit   _____   9. lose   _____
5. teach   _____   10. forget   _____

---- **Exercise 1-1** ----------------------------------

다음 주어진 단어들의 과거형을 쓰세요.

1. break   _____   6. go   _____
2. hear   _____   7. come   _____
3. let   _____   8. leave   _____
4. spend   _____   9. know   _____
5. build   _____   10. buy   _____

---- **Exercise 2** -------------------------------

다음 주어진 문장을 과거형 문장으로 다시 쓰세요.

1. My brother writes a letter. → _____

2. I read the book. → _____

3. They build a house. → _____

4. We hear her voice. → _____

5. The singer sings a song. → _____

6. The students win the game. → _____

7. The players lose the game. → _____

8. You forget our anniversary. → _____

9. He breaks the window. → _____

10. She sets the table. → _____

20 인칭대명사(하)

Today Words

1	*school*	ⓝ학교	'스쿨
2	*class*	ⓝ학급, 종류, 계급	'클래ㅅ
3	*classroom*	ⓝ교실	'클래ㅅ룸
4	*classmate*	ⓝ학급친구	'클래,ㅅ메잍
5	*homeroom teacher*	ⓝ담임	호움 룸 '티쳐
6	*blackboard*	ⓝ칠판	'블랙붜ㄷ
7	*chalk*	ⓝ분필	'촤ㅋ
8	*math*	ⓝ수학 *mathematics의 줄임	'매θ
9	*English*	ⓝ영어	'잉글리씩
10	*science*	ⓝ과학	'싸이언ㅅ
11	*ethics*	ⓝ윤리(학)	'에θ잌ㅅ
12	*society*	ⓝ사회	써'사이어티
13	*spell*	ⓝ철자 ⓥ철자를 말하다	'ㅅ펠
14	*practice*	ⓝ연습, 습관	'ㅍ뢕티ㅅ
15	*exercise*	ⓝ연습, 운동 ⓥ운동하다, 행사하다	'엑서,사이ㅈㅇ
16	*solve*	ⓥ해결하다	쌀'ㅂ
17	*problem*	ⓝ문제	'ㅍ롸블럼
18	*hand in*	ⓥ제출하다	'핸드 인
19	*assignment*	ⓝ과제	어'싸인먼ㅌ
20	*essay*	ⓝ수필, 에세이	에세이
21	*base*	ⓝ단계, 기초, 근거	'베이ㅅ
22	*step*	ⓝ걸음, 계단	'ㅅ텦
23	*course*	ⓝ강의, 과정, 진행, 진로	'ㅋ(ㅗ)ㅓ-ㅅ
24	*group*	ⓝ단체, 그룹	'ㄱ룹
25	*club*	ⓝ동아리, 클럽, 곤봉	'클럽

DAY 20 인칭대명사(하)

서아,,,그녀를,,,하준,,,그를,,,

인칭대명사 중에서도 목적어 자리에만 들어가는 목적격과, 누구의 것인지 밝혀
주는 소유대명사를 공부해보도록 할게요!

	단복수	주격 (주어자리)	소유격 (명사수식)	목적격 (목적어자리)	소유대명사
1인칭	단수	I	my	me	mine
	복수	we	our	us	ours
2인칭	단수 /복수	you	your	you	yours
3인칭	단수	he	his	him	his
		she	her	her	hers
		it	its	it	x
	복수	they	their	them	theirs

- She likes me. 그녀는 나를 좋아한다.

- She likes us. 그녀는 우리를 좋아한다.

- She likes you. 그녀는 너를 좋아한다.

- She likes him. 그녀는 그를 좋아한다.

- She likes her. 그녀는 그녀를 좋아한다.

- She likes it. 그녀는 그것을 좋아한다.

- She likes them. 그녀는 그들을 좋아한다.

다음 주어진 해석에 맞게 빈칸을 채우세요.

1. 나는 너를 좋아한다. → I like _____.

2. 나는 그를 좋아한다. → You like _____.

3. 그는 그녀를 좋아한다. → He likes _____.

4. 그들은 우리를 좋아한다. → They like _____.

5. 나는 그것을 좋아한다. → I like _____.

6. 우리는 그들을 좋아한다. → We like _____.

7. 그녀는 나를 좋아한다. → She likes _____.

다음 주어진 해석에 맞게 빈칸을 채우세요.

1. 우리는 그를 좋아하지 않는다. → We don't like _____.

2. 그녀는 나를 좋아하지 않는다. → She doesn't like _____.

3. 그들은 그것을 좋아하지 않는다. → They don't like _____.

4. 나는 그를 좋아하지 않는다. → I don't like _____.

5. 그는 너를 좋아하지 않는다. → He doesn't like _____.

6. 너는 우리를 좋아하지 않는다. → You don't like _____.

7. 나는 그들을 좋아하지 않는다. → I don't like _____.

다음 주어진 해석에 맞게 빈칸을 채우세요.

1. 그 다이아몬드는 그들의 것이다.   → The diamond is _____.

2. 그 목걸이는 그녀의 것이다.   → The necklace is _____.

3. 그 귀걸이는 너의 것이다.   → The earrings are _____.

4. 그 지갑은 그의 것이다.   → The wallet is _____.

5. 그 모자들은 우리들 것이다.   → The hats are _____.

6. 그 안경은 나의 것이다.   → The glasses are _____.

---- **Exercise 3** --------------------------------

다음 주어진 문장을 영작하세요.

1. 그의 자동차는 그의 것이다.

→ _____

2. 그는 나를 잊었다.

→ _____

3. 그녀의 분필은 그녀의 것이다.

→ _____

4. 그녀는 우리를 이겼다.

→ _____

5. 나의 드레스는 나의 것이다.

→ _____

6. 그들의 유니폼들은 그들의 것이다.

→ _____

2형식과 3형식 비교

Today Words

1	*unusual*	ⓐ특이한, 흔치 않은, 드문	언유쥬얼
2	*usual*	ⓐ보통의, 일상의	'유쥬얼
3	*weird*	ⓐ이상한	위어ㄷ
4	*safe*	ⓐ안전한	'세이'ㅍ
5	*dangerous*	ⓐ위험한	데인져-어ㅅ
6	*ridiculous*	ⓐ우스꽝스러운	뤼디큘레ㅅ
7	*strange*	ⓐ이상한, 낯선	'ㅅㅌ뤠인지
8	*tight*	ⓐ꽉 끼는, 엄격한	타잍
9	*loose*	ⓐ헐거워진, 풀린	(을)루ㅅ
10	*only*	ⓐ유일한 (a)오직, 약간의	'오운리
11	*worth*	ⓐⓟ가치 있는 ⓝ가치	워-θ
12	*dear*	ⓐ친애하는, 소중한 (말)"어이쿠", "저런"	'디어
13	*half*	ⓝ절반 ⓐ절반의	'해'ㅍ
14	*whole*	ⓐ전체의, 모든, 완전한	호울
15	*past*	ⓝ과거 ⓐ과거의 ⓟ지나서	패스ㅌ
16	*present*	ⓝ선물 ⓐ현재의, 참석한	'ㅍ뤠젠ㅌ
17	*future*	ⓝ미래 ⓐ미래의	퓨쳐
18	*holiday*	ⓝ휴일, 휴가, 방학	'할러데이
19	*then*	(a)그때, 그 다음에	'ㄷ헨
20	*hopeful*	ⓐ희망찬	'호우펄
21	*helpless*	ⓐ무력한, 속수무책인	'헬ㅍ리ㅅ
22	*explain*	ⓥ설명하다	익스플레인
23	*respect*	ⓥ존경하다 ⓝ존경	뤼스펙ㅌ
24	*collect*	ⓥ모으다, 수집하다	컬렉ㅌ
25	*remove*	ⓥ제거하다	뤼무'ㅂ

DAY 21 2형식과 3형식 비교
그녀는 뚱뚱해진 거지 스마트 폰이 된건 아니

2형식의 보어와 3형식의 목적어 자리에 둘 다 명사가 올 수 있기 때문에 헷갈릴 수도 있습니다. 하지만 2형식의 보어는 주어를 보충 설명해주고, 3형식의 목적어는 주어와 관련이 없다는 점에서 큰 차이가 있습니다.

- 1형식: 주어(주인공)+ 동사
  명+은/는/이/가

- 2형식: 주어+ 동사 + 보어(보충어)
  명/형

- 3형식: 주어+ 동사 + 목적어
  명+을/를

  - She got fat. (2형식)
    그녀는 뚱뚱해졌다.

  - She got a smartphone. (3형식)
    그녀는 스마트 폰을 가졌다.

  - I canceled the schedule. (3형식)
    나는 스케쥴을 취소했다.

  - I called the police. (3형식)
    나는 경찰에 신고했다.

다음 주어진 문장이 몇 형식인지 확인하고 해석하세요.

1. It keeps cool.

2. I hate my roommate.

3. I feel great.

4. The plan sounds perfect.

5. I have a duck.

6. She knew the truth.

7. She got happy.

8. She got a smartphone.

9. A girl appeared.

10. The girl appears poor.

다음 주어진 문장이 몇 형식인지 확인하고 해석하세요.

1. He got sad suddenly.

2. Luckily, he got a ticket.

3. He got to the airport yesterday.

4. I have a really big teddy bear.

5. She kept silent in the room.

6. A leaf fell.

7. I accepted his money.

8. I run fast.

9. He was handsome in the past.

10. He arrived to the bookstore.

일반동사의 의문문

Today Words

1	*breakfast*	ⓝ아침 식사	'브뤡'퍼스트
2	*lunch*	ⓝ점심 식사	'(을)런취
3	*dinner*	ⓝ저녁 식사	'디너
4	*supper*	ⓝ(가벼운) 저녁 식사	'섚ㅓ-
5	*recipe*	ⓝ조리법, 레시피	뤠서피
6	*seafood*	ⓝ해산물	'씨'푸ㄷ
7	*meat*	ⓝ고기	'밑
8	*beef*	ⓝ소고기	비'ㅍ
9	*pork*	ⓝ돼지고기	포어ㅋ
10	*chicken*	ⓝ닭(고기)	칙인
11	*lamb*	ⓝ새끼 양(고기)	'(을)램
12	*steak*	ⓝ스테이크	스테잌
13	*rare*	ⓐ희귀한, 드문, 거의 안 익힌	'뤠어
14	*medium*	ⓐ중간의, 중간 굽기의 ⓝ중간, 매체	'미디엄
15	*well done*	ⓐ완전히 익힌	'웰 '던
16	*delicious*	ⓐ맛있는	딜리셔ㅅ
17	*full*	ⓐ가득 찬, 배부른	"풀
18	*hungry*	ⓐ배고픈	'헝ㄱ뤼
19	*thirsty*	ⓐ목마른, 갈망하는	'ㅅ털-ㅅ티
20	*spicy*	ⓐ매운	'스파이시
21	*sour*	ⓐ맛이 신	'사우어
22	*mild*	ⓐ온화한, 순한	마일ㄷ
23	*salty*	ⓐ짠, 소금기 있는	'쌀티
24	*bitter*	ⓐ(맛이) 쓴, 신랄한	비터-
25	*sweet*	ⓐ달콤한	'ㅅ윁

DAY 22 일반동사의 의문문

너는 그녀를 사랑하니?

일반동사는 be동사와 의문문과 부정문 만드는 방식이 조금 다릅니다.

일반동사 문장의 의문문 만드는 방법

가장 먼저 동사를 확인하여 일반 동사일 경우 do, does, did 중
적절한 것을 선택하여 문장 맨 앞으로 꺼내준다.
뒤에 나오는 동사가 원형을 유지하는지 꼭 확인한다.

★ do, does, did 선택 방법

- 확인한 일반 동사가 과거형일 때 → did
- 확인한 일반 동사가 3인칭 단수 현재형일 때 → does
- 확인한 일반 동사가 그밖에 나머지 일 때 → do

- She meets a boy. (does를 선택)
- Does she meet a boy? (동사원형 꼭 확인)

★ 대답하기

질문에 사용된 do, does, did를 그대로 사용한다.

- Do you have a car? → Yes, I do. / No, I don't.
- Does she meet him? → Yes, she does. / No, she doesn't.
- Did she find a job? → Yes, she did. / No, she didn't.

다음 문장을 시제 변화없이 의문문으로 다시 쓰세요.

1. Your brother writes a letter every Sunday.

    → _____

2. Andy read the book yesterday.

    → _____

3. They built a house in the hill.

    → _____

4. We heard her voice.

    → _____

5. The singer sings a song.

    → _____

6. The students win the game.

    → _____

7. The players lost the game.

    → _____

8. You forgot our anniversary.

    → _____

9. He broke the window.

    → _____

10. She sets the table.

    → _____

다음 문장을 시제 변화없이 의문문으로 다시 쓰세요.

1. I missed the bus.

   →_____

2. She rides a bicycle after school.

   →_____

3. He has long legs.

   →_____

4. She waited for the train yesterday.

   →_____

5. Julie took a taxi to the restaurant.

   →_____

6. She put on the hat.

   →_____

7. They help children.

   →_____

8. We had breakfast together.

   →_____

9. Your family eats out for dinner every Saturday.

   →_____

10. Amily likes beef sandwich.

    →_____

일반동사의 부정문

Today Words

1	*taxi*	ⓝ택시	'택씨
2	*airplane*	ⓝ비행기	'에어플렌
3	*subway*	ⓝ지하철	'서,ㅂ웨ㅣ
4	*truck*	ⓝ화물차, 트럭	'ㅌ뤽
5	*train*	ⓝ열차 ⓥ훈련하다	'ㅌ뤠인
6	*bicycle*	ⓝ자전거	'바이씨클
7	*motorcycle*	ⓝ오토바이	'모우터싸이클
8	*ship*	ⓝ배	'쉽
9	*boat*	ⓝ보트	보ㅜㅌ
10	*car*	ⓝ자동차	'카
11	*rocket*	ⓝ로켓	'라킽
12	*spaceship*	ⓝ우주선	'스페이스쉽
13	*traffic jam*	ⓝ교통체증	'ㅌ뤠'픽'쳄
14	*station*	ⓝ정거장, 장소, 본부	'스테이션
15	*bridge*	ⓝ다리	'ㅂ뤼지
16	*elevator*	ⓝ엘리베이터	'엘리베이터
17	*escalator*	ⓝ에스컬레이터	'에스컬레이터
18	*handle*	ⓝ손잡이, 핸들 ⓥ다루다	'핸들
19	*engine*	ⓝ엔진	'엔쥔
20	*speed*	ⓝ속력, 스피드	'ㅅ피ㄷ
21	*seat*	ⓝ좌석 ⓥ앉히다	'앁
22	*fasten the seat belt*	ⓥ안전띠를 매다	'패슨 ㄷ허 '앁 '벨트
23	*get off*	ⓥ내리다	'겥 '어'ㅍ
24	*get on*	ⓥ타다	'겥 안
25	*passenger*	ⓝ승객	패씬져

DAY 23 일반동사의 부정문

나는 그녀를 사랑하지 않아.

일반동사의 부정문 만드는 방법은 의문문 만드는 방법과 접근방식이 동일합니다.

일반동사 부정문 만드는 법

문장에서 가장 먼저 동사를 확인하여 일반 동사일 경우 do, does, did 중 적절한 것을 선택하여 뒤에 not을 붙여준다.

일반동사 부정의 축약형

	일반동사의 부정	축약형
현재	do not	don't
	does not	doesn't
과거	did not	didn't

- I don't eat junk food.
  나는 군것질하지 않는다.

- She doesn't have time.
  그녀는 시간이 없다.

- These pants don't fit me.
  이 바지는 나에게 맞지 않는다.

다음 문장을 시제 변화없이 부정문으로 다시 쓰세요.

1. The passenger got on the bus.

→ _____

2. He fastens the seat belt.

→ _____

3. She got off the taxi.

→ _____

4. The students handed in their assignment after class.

→ _____

5. She really likes seafood.

→ _____

6. The bird cares for its baby all the time.

→ _____

7. She needs a swimsuit.

→ _____

8. He ignores the boy.

→ _____

9. She visited her grandmother last year.

→ _____

10. His brother stays at the place.

→ _____

다음 문장을 시제 변화없이 부정문으로 다시 쓰세요.

1. She has a dream.

→ _____

2. He misses his family.

→ _____

3. I wrote a letter in English.

→ _____

4. He spent 3 hours with her.

→ _____

5. I blamed him for my fault

→ _____

6. She lives in Incheon.

→ _____

7. You cried in the library.

→ _____

8. We respect our homeroom teacher.

→ _____

9. She copies her father in many things.

→ _____

10. I arrived on time.

→ _____

문장의 4형식과 5형식

Today Words

1	*give*	ⓥ주다	'기'ㅂ
2	*teach*	ⓥ가르치다	'티치
3	*send*	ⓥ보내다	'센ㄷ
4	*cook*	ⓝ요리사 ⓥ요리하다	'쿡
5	*ask*	ⓥ묻다, 요청하다	'애ㅅㅋ
6	*bring*	ⓥ가져오다	'ㅂ륑
7	*hand*	ⓥ건내다 ⓝ손	'핸ㄷ
8	*sell*	ⓥ팔다	'쎌
9	*buy*	ⓥ사다, 사주다	'바이
10	*tell*	ⓥ말해주다	'텔
11	*throw*	ⓥ던지다	'ㅅㅌ뤄ㅜ
12	*show*	ⓥ보여주다 ⓝ쇼	'쉬ㅗㅜ
13	*offer*	ⓥ제안하다 ⓝ제안	아'퍼-
14	*leave*	ⓥ떠나다, 남기다	'(을)리'브
15	*lend*	ⓥ빌려주다	(을)렌ㄷ
16	*award*	ⓝ상 ⓥ수여하다	어워-ㄷ
17	*find*	ⓥ발견하다	"파인ㄷ
18	*build*	ⓥ짓다	'빌ㄷ
19	*introduce*	ⓥ소개하다	인트뤄'듀ㅅ
20	*lead*	ⓥ이끌다, ⓝ납	'(을)리ㄷ
21	*hide*	ⓥ숨기다	'하이ㄷ
22	*hit*	ⓥ치다	'힡
23	*march*	ⓥ행진하다, 행군하다 ⓝ3월, 행진	'마치
24	*wonder*	ⓥ궁금해 하다 ⓝ놀라움, 감탄	'원더-
25	*answer*	ⓥ대답하다 ⓝ대답, 해답	'앤써

DAY 24 문장의 4형식과 5형식

내가 그녀에게 케이크를 만들어 줄게.

마지막으로 문장의 4,5형식을 배우고 모든 형식을 확실히 이해하도록 해요.

- 1형식: 주어^(주인공)+ 동사
  명+은/는/이/가
- 2형식: 주어+ 동사 + 보어^(보충어)
  명/형
- 3형식: 주어+ 동사 + 목적어
  명+을/를
- 4형식: 주어+ 동사 + 간접목적어 + 직접목적어
  명+에게   명+을/를
- 5형식: 주어+ 동사 + 목적어 + 목적보어^(보충어)
  명+을/를

- God exists. (1형식)
  신은 존재한다.

- She became a model. (2형식)
  그녀는 모델이 되었다.

- She met a model. (3형식)
  그녀는 모델을 만났다.

- I made her a cake. (4형식)
  나는 그녀에게 케이크를 만들어주었다.

- I made her a model. (5형식)
  나는 그녀를 모델로 만들었다.

다음 주어진 문장이 몇 형식인지 확인하고 해석하세요.

1. The blackboard is big.

2. He lent his classmate a pencil.

3. He bought a notebook.

4. He bought me an eraser.

5. She made me a cake for my birthday.

6. She made her daugher a lawyer.

7. She made a flower with paper easily.

8. I got a bonus.

9. My boss got me a bonus.

10. She got happy for her son.

다음 주어진 한국말에 맞게 영작하세요.

1. 그는 나에게 자전거를 주었다.

→ _____

2. 그녀는 그들에게 선물들을 보냈다.

→ _____

3. 당신은 그 학생에게 티셔츠를 팔았다.

→ _____

4. 그녀는 나를 행복하게 만들었다.

→ _____

---- **Exercise 2-1** -------------------------------

다음 주어진 한국말에 맞게 영작하세요.

1. 그는 나에게 그녀의 비밀을 말했다. (secret)

→ _____

2. 그녀는 그에게 오토바이 한대를 사줬다.

→ _____

3. 그 선생님은 학생들에게 영어를 가르치신다.

→ _____

4. 그는 그 검은색 치마를 하얗게 만들었다.

→ _____

25 주요 동사들

Today Words

1	*wait for*	~을 기다리다
2	*look forward to*	~을 고대하다, 손꼽아 기다리다
3	*come from*	~출신이다
4	*carry out*	수행하다
5	*break down*	고장나다
6	*drop by*	(잠깐) 들르다
7	*take care of*	~을 돌보다
8	*look after*	~을 돌보다
9	*be good at*	~을 잘하다
10	*be interested in*	~에 흥미가 있다
11	*lose weight*	살 빼다
12	*keep in touch*	계속 연락하다
13	*do one's homework*	숙제를 하다
14	*do one's best*	최선을 다하다
15	*let 사람 down*	실망시키다
16	*make sure*	확실히 하다
17	*make sense*	말이 되다, 이치에 맞다
18	*make a mistake*	실수하다
19	*make a decision*	결정을 내리다
20	*make a deposit*	예금하다
21	*make it*	해내다
22	*take part in~*	~에 참가하다
23	*take advantage of*	이용하다
24	*take a step*	조치를 취하다
25	*take her temperature*	체온을 재다

DAY 25   주요 동사들

이미 점심을 가졌다고?

원어민이 갸우뚱하지 않을 제대로 된 표현을 구사할 수 있는
사용도 높은 주요 단어들을 엄선했습니다.

have

가지다(3), 먹다, 마시다(3), 받다(3), 앓다(3), 겪다, 보내다(3) 하게 하다(5) 등
※ 괄호 안의 숫자는 형식을 가리킵니다.

- I had fun with her.
  나는 그녀와 재미있었어.

- I already had lunch. (=I already ate lunch.)
  나는 이미 점심을 먹었다.

- Let's have a party.
  파티를 열자.

take

취하다(3), 타다(3), 걸리다(3), 요구되다(3), 데려가다(3), 복용하다(3) 등

- I didn't take his offer.
  나는 그의 제안을 받아들이지 않았다.

- Did you take your ID card?
  너는 신분증을 챙겼니?

- She will take a taxi.
  그녀는 택시를 탈 것이다.

- It takes 3 hours to Seoul.
  서울까지 3시간 걸린다.

102

다음 빈칸을 have와 take 중 더 적절한 것을 올바른 형태로 채우세요.

1. I _____ a test last Saturday. (나는 지난주 토요일 시험을 쳤다.)

2. I already _____ lunch with him. (나는 이미 그와 점심을 먹었다.)

3. I'm _____ fun with them. (나는 그들과 재밌게 보내고 있다.)

4. Did you _____ a nap? (너는 낮잠 좀 잤니?)

5. I _____ his advice. (나는 그의 조언을 받아들였다.)

---- **Exercise 1-1** --------------------------------

다음 빈칸을 have와 take 중 더 적절한 것을 올바른 형태로 채우세요.

1. I _____ a vote yesterday. (나는 어제 투표했다.)

2. Let's _____ a party. (파티를 열자.)

3. I _____ coffee in her place. (나는 그녀 집에서 커피를 마셨다.)

4. She _____ him temperature. (그녀는 그의 체온을 쟀다.)

5. I _____ a rest yesterday. (너는 어제 쉬었다.)

get

도달하다(1) 되다(2) 얻다, 받다, 이해하다(3) 얻게 해주다(4) 되게 하다(5) 등

- I got to the airport.
  우리는 공항에 도착했다.
- I don't get it.
  나는 이해가 안 돼.
- I got a huge discount.
  나 엄청 할인 받았어.

make

만들다, 하다(3) 만들어 주다(4) 하게 하다(5) 등

- I made 3,000 dollar this year.
  나는 올해 3000달러를 벌었다.
- The company didn't make a profit last year.
  그 회사는 작년에 수익을 내지 못했다.
- That is, the company made a loss.
  즉, 그 회사는 손실을 봤다.

go

가다(1), 하러 가다(go~ing) 등

- go fishing, go shopping
- go to bed(자다), go to church(예배보러 가다), go to work(출근하다)
- go on a drive, go on a date, go on a picnic, go on a trip

다음 빈칸에 적절한 동사를 골라 알맞은 형태로 쓰세요.

1. Let's _____ on a picnic. (우리 소풍가자.)

2. She _____ lots of money of singing.

   (그녀는 노래로 많은 돈을 벌었다.)

3. I always _____ my best. (나는 항상 최선을 다한다.)

4. He _____ dinner at home. (그는 집에서 저녁을 먹었다.)

5. I didn't _____ a refund. (나는 환불받지 못했다.)

6. I _____ a reservation in advance. (나는 미리 예약을 했다.)

---- **Exercise 2-1** --------------------------------

다음 빈칸에 적절한 동사를 골라 알맞은 형태로 쓰세요.

1. Let's _____ a party. (파티를 열자.)

2. I finally _____ a decision. (나는 마침내 결정을 했다.)

3. I will _____ shopping with her. (나는 그녀와 쇼핑 갈 거야.)

4. She will _____ a bus (그녀는 버스를 탈 것이다.)

5. I _____ a speech in public. (나는 대중 앞에서 연설을 했다.)

6. I don't _____ a deposit. (나는 예금을 하는 않는다.)

다음 주어진 문장의 시제에 유의하며 영작하세요.

1. 그녀는 택시를 탈 것이다.

   → _____

2. 나는 이미 그녀와 점심을 먹었다.

   → _____

3. 우리 데이트하자.

   → Let's_____

4. 나는 마침내 환불받았다.

   → _____

---- **Exercise 3-1** --------------------------------------

다음 주어진 문장의 시제에 유의하며 영작하세요.

1. 그녀는 어제 쉬었다.

   → _____

2. 그는 그녀의 조언을 받아들이지 않았다.

   → _____

3. 그녀는 항상 최선을 다한다.

   → _____

4. 우리는 함께 재밌게 보냈다.

   → _____

26 ▷ 의문사(상)

Today Words

1	*face*	⑩얼굴	"페이ㅅ
2	*eye*	⑩눈	'아이
3	*ear*	⑩귀	'이어
4	*forehead*	⑩이마, 앞부분	'풔어헫
5	*nose*	⑩코, 후각	노ㅜㅈㅇ
6	*mouth*	⑩입	'마우ㅅㅌ
7	*lip*	⑩입술	'(을)립
8	*gum*	⑩잇몸	검
9	*beard*	⑩(턱)수염	'비어ㄷ
10	*mustache*	⑩콧수염	머스타싀
11	*wrinkle*	⑩주름, 결점	링클
12	*chin*	⑩턱	친-
13	*cheek*	⑩뺨	칰
14	*bald*	⑩대머리의	'봘ㄷ
15	*attractive*	ⓐ매력적인	어'트랙티'ㅂ
16	*muscular*	ⓐ근육질의	'머ㅅ큘러
17	*good-looking*	ⓐ잘생긴	굳'루킹
18	*fashionable*	ⓐ패셔너블한, 유행하는	"패식너블
19	*plump*	ⓐ통통한	플럼ㅍ
20	*nervous*	ⓐ불안한, 긴장한	너-버ㅅ
21	*faulty*	ⓐ결함있는	"풜티
22	*fine*	ⓐ훌륭한 ⑩벌금	"파인
23	*negative*	ⓐ부정적인	'네거티'ㅂ
24	*positive*	ⓐ긍정적인	퐈저티'ㅂ
25	*popular*	ⓐ인기있는	퐈퓰러-

DAY 26 의문사(상)

자 울지 말고 육하원칙대로 말해봐.

육하원칙을 나타내는 의문사를 조금은 제대로 배워볼까요?

의문사의 종류

의문사	뜻
when	언제
where	어디서
why	왜
who	누가, 누구를(whom)
what	무엇, 어떤
which	어느 것, 어느
how	어떻게, 얼마나

when, where, why

• 의문문 맨 앞에 넣어준다.

  • Why is he so negative?
    그는 왜 그렇게 부정적이니?

  • Where did you go shopping?
    너는 어디로 쇼핑하러 갔니?

  • When did she give up?
    그녀는 언제 포기했니?

다음 주어진 문장의 시제에 유의하며 영작하세요.

1. 너는 그녀를 만났니?

→ _____

2. 그들은 피아노를 치니?

→ _____

3. 그는 목욕을 하니?

→ _____

4. 그녀는 취칙했니? (일을 얻었니?)

→ _____

---- **Exercise 1-1** ----------------------------------

다음 주어진 문장의 시제에 유의하며 영작하세요.

1. 너는 피아노를 쳤니?

→ _____

2. 너는 언제 피아노를 쳤니?

→ _____

3. 너는 왜 피아노를 쳤니?

→ _____

4. 너는 어디서 피아노를 치니?

→ _____

다음 주어진 문장의 시제에 유의하며 영작하세요.

1. 너는 왜 택시를 탔니?

→ _____

2. 너는 언제 목욕을 하니?

→ _____

3. 너는 어디서 사진을 찍었니?

→ _____

4. 너는 언제 숙제를 했니?

→ _____

다음 주어진 문장의 시제에 유의하며 영작하세요.

1. 그녀는 왜 그렇게 긍정적이니?

→ _____

2. 너는 어디로 낚시하러 갔니?

→ _____

3. 그는 왜 포기했니?

→ _____

4. 그들은 언제 지하철을 탔니?

→ _____

27 의문사(하)

Today Words

1	*captain*	ⓝ우두머리, 선장, 캡틴	'캡튼
2	*team*	ⓝ팀	'팀
3	*game*	ⓝ게임, 경기	'게임
4	*medal*	ⓝ메달, 훈장	'메들
5	*top*	ⓝ꼭대기, 팽이	'탑
6	*bottom*	ⓝ맨 아래 , 바닥	바텀
7	*band*	ⓝ끈, 밴드	'밴ㄷ
8	*a part time job*	ⓝ시간제 일, 아르바이트	어 '파트 '타임 '좝
9	*permanent job*	ⓝ정규직	'풔머넌ㅌ 좞
10	*apologize*	ⓥ사과하다, 사죄하다	어팔러쟈이ㅈ
11	*proposal*	ⓝ신청, 제안	프뤄'포우즐
12	*personality*	ⓝ성격, 기질, 개성	퍼ㅅ'낼러티
13	*attention*	ⓝ주의, 주목, 관심	어텐션
14	*dollar*	ⓝ달러($) *미국의 화폐 단위	달러-
15	*coin*	ⓝ동전	코어인
16	*habit*	ⓝ습관	햅잍
17	*date*	ⓝ날짜, 데이트, 데이트 상대	데이ㅌ
18	*colleague*	ⓝ동료	'칼리ㄱ
19	*demanding*	ⓐ요구가 많은, 힘든	디'맨딩
20	*efficient*	ⓐ효율적인	어'피션ㅌ
21	*on vacation*	ⓐ휴가차	안 '베'케이션
22	*on business*	ⓐ업무차	안 '비ㅈ니ㅅ
23	*swing*	ⓝ그네 ⓥ흔들리다	'ㅅ윙
24	*slide*	ⓝ미끄럼틀 ⓥ미끄러지다	ㅅ'(을)라이ㄷ
25	*playground*	ⓝ놀이터, 운동장	'플레이그롸운ㄷ

DAY 27   의문사(하)

who

주어와 목적어를 물을 때 사용. 주어를 물을 때는 주어와 동사의 위치가 바뀌지 않는다.

- Who(m) do you love? (목적어를 물음)
  너는 누구를 사랑하니?

- Who loves you? (주어를 물음)
  누가 너를 사랑하니?

what vs which

선택지가 없을 때 what, 있을 때 which. 주어와 목적어, 그리고 명사 수식

- What did you buy? (목적어를 물음)
  너는 무엇을 샀니?

- Which did you buy, shorts or a skirt? (목적어를 물음)
  너는 어느 것을 샀니, 반바지? 치마?

- What makes you sad? (주어를 물음)
  무엇이 너를 슬프게 하니?

- What color do you like? (명사 수식)
  너는 어떤 색을 좋아하니?

- Which color do you like pink or navy? (명사 수식)
  너는 어느 색을 좋아하니, 핑크? 네이비?

how

when, where, why처럼 독립적 사용, 형용사 수식

- How did you get a refund?
  너는 어떻게 환불을 받았니?

- How pretty is she? (형용사 수식)
  그녀는 얼마나 예쁘니?

---- Exercise 1 ----------------------------------

다음 주어진 단어들을 해석에 맞게 나열하세요.

1. 무엇이 너를 매우 확신하게 만드니?

→ _____

(makes, so, what, sure, you)

2. 너 몇 시에(어떤 시간에) 왔니?

→ _____

(you, did, what, come, time)

3. 누가 예약했니?

→ _____

(made, a reservation, who)

4. 너는 어떻게 그녀와 약속을 잡았니?

→ _____

(with, make, did, her, an appointment, you, how)

5. 당신은 어느 것을 더 선호하나요, 이것 또는 저것?

→ _____

(one, you, do, which, prefer, this one or that one)

6. 이거 얼마인가요?

→ _____

(it, much, is, how)

7. 얼마나 자주 그들은 낚시를 가니?

→ _____

(fishing, they, often, how, do, go)

8. 얼마나 많은 책을 너는 필요하니?

→ _____

(books, you, need, how, do, many)

다음 주어진 단어들을 활용하여 영작하세요.

1. 누가 취직했니? (get a job)

→ _____

2. 너는 누구를 만났니? (meet)

→ _____

3. 그녀는 어디서 투표를 했니? (take a vote)

→ _____

4. 당신은 얼마나 자주 주말에 일하세요? (on weekends)

→ _____

---- **Exercise 2-1** --------------------------------

다음 주어진 단어들을 활용하여 영작하세요.

1. 너의 소개팅은 어땠니? (your blind date)

→ _____

2. 너는 어떻게 티켓을 얻었어? (get a ticket)

→ _____

3. 이 그림에 대해서 어떻게 생각하세요? (think of)

→ _____

4. 어떤 종류의 음식을 원하세요? (kind of food)

→ _____

Today Words

1	*appliance*	ⓝ(가전)제품	어플라이언ㅅ
2	*radio*	ⓝ라디오	'뤠이디,오ᅮ
3	*television*	ⓝ텔레비전	'텔레,'비젼
4	*camera*	ⓝ사진기, 카메라	'캠ㅓ-러
5	*stove*	ⓝ난로	스토ᅮ'ㅂ
6	*microwave*	ⓝ전자레인지	'마이크뤄웨이'ㅂ
7	*air conditioner*	ⓝ에어컨	'에어 컨'디셔너
8	*remote control*	ⓝ리모컨	뤼'모우ㅌ 컨'트로울
9	*fan*	ⓝ선풍기, 환풍기, 부채	팬
10	*refrigerator*	ⓝ냉장고	뤼'프뤼직뤠이터
11	*washing machine*	ⓝ세탁기	'와싱 머'쉰
12	*vacuum*	ⓥ청소기를 돌리다 ⓝ진공	배큠
13	*laptop*	ⓝ노트북(휴대용 컴퓨터)	'(을)랲탚
14	*telephone*	ⓝ전화기	'텔레,'포운
15	*furniture*	ⓝ가구	풔-니쳐
16	*desk*	ⓝ책상	'데ㅅㅋ
17	*drawer*	ⓝ서랍	'드롸어
18	*chair*	ⓝ의자	'췌ㅓ
19	*table*	ⓝ탁자, 테이블	'테이블
20	*couch*	ⓝ편안하게 되어있는 긴 의자	'카우칰
21	*sofa*	ⓝ소파	쏘우'파
22	*bed*	ⓝ침대	'베ㄷ
23	*closet*	ⓝ옷장	클라젵
24	*shelf*	ⓝ선반	셸'ㅍ
25	*clock*	ⓝ시계	'클랔

DAY 28 미래

우유가 떨어졌네, 내가 사올게!

미래를 나타내는 방법은 다양하지만 대표적인 미래표현 두 가지 will(조동사)과 be going to 먼저 공부해볼게요.

미래 종류

	will ('ll)+동사원형	be going to+동사원형
미래 종류	의지 미래: ~할 것이다, ~하겠다	예정 미래: ~할 예정이다
대화 안에서	즉석에서 결정	이미 예정됨
부정문	will not (won't)	be not going to+동사원형
의문문	Will 주어 + 동사원형~?	be 주어 going to 동사원형~

- He will give her a ride.
  그는 그녀를 태워줄 것이다.

- She won't take English class.
  그녀는 영어 수업을 듣지 않을 것이다.

대화 안에서

즉석에서 결정	예정된 일
A: We are out of milk. 우리 우유가 떨어졌어.	A: We are out of milk. 우리 우유가 떨어졌어.
B: Really? I will buy some. 정말? 내가 좀 사올게.	B: I know. I'm going to buy some. 알아. 내가 좀 사오려고.

Exercise 1

다음 문장을 의문문과 부정문으로 다시 쓰세요.

1. He is going to talk to her.

→ _____ (의문문)

→ _____ (부정문)

2. You will pass the exam.

→ _____ (의문문)

→ _____ (부정문)

3. They are going to go on a picnic.

→ _____ (의문문)

→ _____ (부정문)

4. She will see her son soon.

→ _____ (의문문)

→ _____ (부정문)

5. Paul will wait for her forever.

→ _____ (의문문)

→ _____ (부정문)

6. She is going to take yoga class next week.

→ _____ (의문문)

→ _____ (부정문)

7. You will make big money.

→ _____ (의문문)

→ _____ (부정문)

---- **Exercise 2** -------------------------------------

다음 주어진 문장의 시제에 유의하며 영작하세요.

1. 그들은 그를 만날 것이다.

→ _____

2. 그녀는 그녀의 남자친구와 함께 달릴 예정이다.

→ _____

3. 너는 버스를 탈 예정이니?

→ _____

4. 나는 가수가 될 것이다.

→ _____

---- **Exercise 2-1** -----------------------------------

다음 주어진 문장의 시제에 유의하며 영작하세요.

1. 그녀가 의사가 될까?

→ _____

2. 나는 다음 주에 그를 방문할 예정이다.

→ _____

3. 나는 그녀에게 그 비밀을 말하지 않을 것이다.

→ _____

4. 그가 그녀를 따를까?

→ _____

118

 빈도부사

Today Words

1	*jewel*	ⓝ보석	'쥬얼
2	*diamond*	ⓝ다이아몬드	'다이먼ㄷ
3	*ring*	ⓝ반지 ⓥ(벨이) 울리다	'륑
4	*bracelet*	ⓝ팔찌	'브뤠이슬맅
5	*earrings*	ⓝ귀걸이	'이어륑ㅈ
6	*necklace*	ⓝ목걸이	'네클러ㅅ
7	*handbag*	ⓝ핸드백	'핸드백
8	*suitcase*	ⓝ여행 가방	'숱케이스
9	*purse*	ⓝ(보통 여성용) 지갑	퍼-ㅅ
10	*wallet*	ⓝ지갑	월렡
11	*muffler*	ⓝ목도리	'머'플러
12	*scarf*	ⓝ스카프	스카'ㅍ
13	*handkerchief*	ⓝ손수건	행커칚'ㅍ
14	*belt*	ⓝ허리띠	벨ㅌ
15	*perfume*	ⓝ향수	퍼-'퓸
16	*hat*	ⓝ(넓은 챙이 달린) 모자	'햍
17	*cap*	ⓝ야구모자	'캪
18	*ribbon*	ⓝ리본	'뤼본
19	*pin*	ⓝ핀 ⓥ꽂다, 고정시키다	'핀
20	*comb*	ⓝ빗 ⓥ빗질하다	코움
21	*glasses*	ⓝ안경	'글래시ㅈ
22	*sunglasses*	ⓝ선글라스	'썬글래시ㅅ
23	*gloves*	ⓝ장갑	'글러'ㅂㅈ
24	*socks*	ⓝ양말	'썩ㅅ
25	*umbrella*	ⓝ우산	엄'브뤨러

DAY 29 빈도부사
얼마나 자주 내 남자친구를 만났냐고!!

빈도부사는 'how often(얼마나 자주)'에 해당하는 빈도를 나타냅니다.

빈도 부사의 종류

빈도부사	뜻
always	항상
usually	보통
sometimes	때때로
often	종종
never	결코~ 않다

★ 정도 부사: 정도를 나타내는 부사, 즉 how much(얼마나 많이)에 대한 대답

almost(거의), hardly(거의~않다), seldom (좀처럼 ~않다) 등

빈도 부사의 위치

일반동사 앞, be동사 /조동사 뒤에 위치

- He always takes note in class.
  그는 수업 중에 항상 노트 필기한다.
- She never wears perfume.
  그녀는 결코 향수를 뿌리지 않는다.

다음 주어진 해석에 맞게 빈칸을 채우세요.

1. I _____ go to school early. (나는 항상 일찍 학교에 간다.)

2. She is _____ late. (그녀는 가끔 늦는다.)

3. He is _____ on time. (그는 절대 시간을 지키지 않는다.)

4. I _____ go to the movies. (나는 종종 영화를 보러 간다.)

5. My brother _____ washes the dishes.

  (내 남자형제는 좀처럼 설거지를 하지 않는다.)

---- **Exercise 1-1** ----------------------------------

다음 주어진 해석에 맞게 빈칸을 채우세요.

1. You _____ keep a promise. (너는 절대 약속을 지키지 않는다.)

2. The girl _____ tells a lie. (그 소녀는 때때로 거짓말을 한다.)

3. She _____ goes on a diet. (그녀는 항상 다이어트를 한다.)

4. He _____ gets up early. (그는 종종 일찍 일어난다.)

5. My sister _____ has breakfast.

  (내 여자형제는 보통 아침을 먹는다.)

다음 주어진 문장을 빈도부사를 활용하여 영작하세요.

1. 그는 항상 저녁을 먹는다.

  → _____

2. 그녀는 절대 다이어트를 하지 않는다.

  → _____

3. 우리는 때때로 수영을 한다.

  → _____

4. 내 여자형제는 종종 약속을 지킨다.

  → _____

---- **Exercise 2-1** --------------------------------

다음 주어진 문장을 빈도부사를 활용하여 영작하세요.

1. 그녀는 종종 거짓말을 한다.

  → _____

2. 나는 절대 늦지 않는다.

  → _____

3. 우리는 때때로 영화를 보러 간다.

  → _____

4. 그는 좀처럼 그녀를 만나지 않는다.

  → _____

 **현재와 현재진행**

Today Words

1	*wash one's face*	ⓥ세수하다
2	*rinse off*	ⓥ헹구다, 씻어 내다
3	*squeeze the toothpaste*	ⓥ치약을 짜다
4	*brush one's teeth*	ⓥ이를 닦다
5	*shave*	ⓥ면도하다
6	*comb(brush) hair*	ⓥ빗질하다
7	*take a shower*	ⓥ샤워하다
8	*take a bath*	ⓥ목욕하다
9	*set a table*	ⓥ식탁을 차리다
10	*clear a table*	ⓥ식탁을 치우다
11	*cook dinner*	ⓥ저녁 식사를 준비하다
12	*make the bed*	ⓥ이불을 개다
13	*vacuum the floor*	ⓥ마루를 청소기로 돌리다
14	*sweep the floor*	ⓥ마루를 쓸다
15	*wipe off the window*	ⓥ창문을 닦다
16	*wash(do) the dishes*	ⓥ설거지를 하다
17	*wash(do) the laundry*	ⓥ빨래를 하다
18	*hang out the wash to dry*	ⓥ빨래를 넣어 말리다
19	*fold the laundry*	ⓥ빨래를 개다
20	*take out the garbage*	ⓥ쓰레기통을 비운다
21	*separate the garbage*	ⓥ분리수거를 하다
22	*food waste*	ⓥ음식물 쓰레기
23	*get up*	ⓥ일어나다
24	*wake up*	ⓥ깨우다, 깨다
25	*go to bed*	ⓥ자다, 취침하다

DAY 30 현재와 현재진행

나는 예쁘지만 지금 못생긴 표정을 짓고 있어

현재시제에 이어 현재진행시제를 제대로 배우고 현재와 비교해봅시다!

현재진행 기본형: am /are /is +동사ing

현재 진행되고 있는 일을 나타냄

현재진행 기본형

대부분의 동사	-ing	going, selling 등
자음 + -e로 끝나는 동사	e를 빼고 -ing	making, giving 등
-ie 로 끝나는 동사	ie를 y로 바꾸고 -ing	lying, dying 등
단모음 + 단자음 으로 끝나는 동사	마지막 자음을 한 번 더 쓰고 -ing	hitting, cutting, running, stopping 등

현재와 현재진행의 비교

- 현재: 현재의 사실, 상태, 습관, 반복적 행위를 나타낼 때

- 현재진행: 현재 행해지고 있는 동작의 연속을 나타낸다

- He always lies.
  그는 항상 거짓말한다.

- She drives well.
  그녀는 운전을 잘 한다.

- He is lying now.
  그는 지금 거짓말을 하고 있다.

- She is driving to Seoul.
  그녀는 서울로 운전해가고 있다.

다음 주어진 문장을 현재진행형 문장으로 다시 쓰세요.

1. She plays the violin.

→ _____

2. I look at the bird.

→ _____

3. They play soccer.

→ _____

4. The boy walk in the rain.

→ _____

5. He doesn't sleep.

→ _____

6. They clear a table.

→ _____

7. The man shaves in front of the mirror.

→ _____

8. I take a shower in the hotel room.

→ _____

9. He squeezes the toothpaste.

→ _____

10. She makes the bed.

→ _____

다음 주어진 문장을 현재진행형 문장으로 다시 쓰세요.

1. I comb my hair.

→ _____

2. She takes a bath.

→ _____

3. He has breakfast.

→ _____

4. Linda washes the dishes.

→ _____

5. We set the table together.

→ _____

6. I put on a cute cap.

→ _____

7. Girls hang out with boys.

→ _____

8. I wake up them.

→ _____

9. She does the laundry.

→ _____

10. They listen to music loudly.

→ _____

과거진행과 미래진행

Today Words

1	*house*	ⓝ집, 가정	'하ㅜㅅ
2	*room*	ⓝ방	'루움
3	*kitchen*	ⓝ부엌	'키췬
4	*livingroom*	ⓝ거실	'리'빙룸
5	*bathroom*	ⓝ욕실, 화장실	'배θ룸
6	*bedroom*	ⓝ침실	'베드룸
7	*basement*	ⓝ지하실	'베이스먼ㅌ
8	*hall*	ⓝ복도	'ㅎ(ㅗ)알
9	*wall*	ⓝ벽, 담	'월
10	*floor*	ⓝ층, 바닥	''플(ㅗ)ㅓ-
11	*ceiling*	ⓝ천장	'씰링
12	*stairs*	ⓝ계단	'스테ㅓ-ㅈㅇ
13	*window*	ⓝ창문	'윈도ㅜ
14	*view*	ⓝ전망, 관점 ⓥ간주하다	뷰
15	*front door*	ⓝ현관	''프론ㅌ '도어
16	*gate*	ⓝ대문, 입구	'게잍
17	*garage*	ⓝ차고	거라직
18	*rooftop*	ⓝ옥상	'루'ㅍ탚
19	*garden*	ⓝ정원	'가든
20	*grass*	ⓝ풀, 잔디	'그래ㅅ
21	*yard*	ⓝ마당, 뜰, 야드 *거리의 단위 약 0.9미터	야-ㄷ
22	*ground*	ⓝ땅, 기초	'그라운ㄷ
23	*postbox*	ⓝ우편함	'포우스ㅌ밬ㅅ
24	*swimming pool*	ⓝ수영장	'스위밍 '풀
25	*key*	ⓝ열쇠	'키

DAY 31 과거진행과 미래진행

타임머신을 탄다고 생각하면 간단해.

과거진행과 미래진행은 타임머신을 타고 과거나 미래에 가서 구경을 하고 있다고
생각하면 쉬워요!

과거진행 기본형: was /were +동사 ing

과거 한 시점의 동작의 연속을 표현

- He was lying (when I talked to him).
  그는 거짓말하고 있었다. (내가 그와 이야기 할 때)
- She was watching TV at this time yesterday .
  그녀는 어제 이맘때 TV를 보고 있었을 것이다.

미래진행 기본형: will be +동사 ing

미래 한 시점의 동작의 연속을 표현

- He will be lying (when I talk to him).
  그는 거짓말하고 있을 것이다. (내가 그와 이야기 할 때)
- She will be watching TV at this time tomorrow .
  그녀는 내일 이맘때 TV를 보고 있을 것이다.

---- **Exercise 1** ----------------------------------

다음 주어진 문장을 시제가 동일한 진행형으로 다시 쓰세요.

1. He looked for a rooftop house.

→ _____

2. You painted the wall white.

→ _____

3. She will go up the stairs.

→ _____

4. He worked in the basement.

→ _____

5. Her sister will sleep in the livingroom.

→ _____

6. He didn't cry in the kitchen.

→ _____

7. Students will break the window with stones.

→ _____

---- **Exercise 2** ------------------------------

다음 주어진 문장을 기본형은 진행형으로, 진행형은 기본형으로 바꿔쓰세요.

1. She was not having dinner.

   → _____

2. You shouted at me in front of people.

   → _____

3. They played basketball in the park.

   → _____

4. I was putting letters into the postbox.

   → _____

5. She watched a move in the bedroom.

   → _____

6. The dog barked at strangers.

   → _____

7. The chickens ran on the grass.

   → _____

there is /are

Today Words

#			
1	*bird*	ⓝ새	버-ㄷ
2	*fish*	ⓝ물고기, 생선	피싀
3	*goose*	ⓝ거위	구ㅅ
4	*pigeon*	ⓝ비둘기	피젼
5	*eagle*	ⓝ독수리	이글
6	*owl*	ⓝ올빼미	아울
7	*parrot*	ⓝ앵무새	'패륕
8	*swan*	ⓝ백조	스완
9	*ostrich*	ⓝ타조	아스트뤼칰
10	*shrimp*	ⓝ새우	싀림ㅍ
11	*octopus*	ⓝ문어	'엌터푸ㅅ
12	*whale*	ⓝ고래	웨일
13	*dolphin*	ⓝ돌고래	덜'퓐
14	*shark*	ⓝ상어	샼
15	*crab*	ⓝ게	'크뢥
16	*turtle*	ⓝ거북이	터-틀
17	*oyster*	ⓝ굴	오이스터-
18	*bee*	ⓝ벌	비
19	*butterfly*	ⓝ나비	버터'플라이
20	*mosquito*	ⓝ모기	머스키터우
21	*ant*	ⓝ개미	앤ㅌ
22	*spider*	ⓝ거미	스파이더
23	*snail*	ⓝ달팽이	스네일
24	*scorpion*	ⓝ전갈	스코어-피언
25	*species*	ⓝ종(種)	스피싀-ㅈ

DAY 32 there is /are
있다? 없다?

there is~ there are~ 은 저기라는 의미 없이 '있다'고 해석해도 자연스럽습니다. 또한 there(저기)와 here(여기)는 기본적으로 장소부사입니다. 장소부사는 1형식 문장 맨 앞에 나오면 주어동사의 위치가 바뀌는 도치가 일어납니다. 그래서 is나 are같은 동사가 먼저 나오고 동사 뒤에 주어가 옵니다.

there의 특징

there이나 here과 같은 장소부사가 1형식 문장 문두에 올 경우 도치 발생

- There is a bird
  (저기에) 새가 한 마리 있다.
- There are birds.
  (저기에) 새들이 있다.

의문문과 부정문

특이할 것 없이 기존의 방식대로 의문문과 부정문을 만들면 된다.

- Is there a nest on the tree?
  나무 위에 둥지가 있니?
- Yes, there is. /No, there isn't.
  응, 있어. /아니, 없어.
- There isn't a nest on the tree.
  나무 위에 둥지가 없다.

---- **Exercise 1** ----------------------------------

다음 주어진 해석에 맞게 빈칸을 채우세요.

1. _____ _____ mosquitos in the house.

   (집 안에 모기들이 있다.)

2. _____ _____ an ostrich in the forest.

   (숲 속에 타조 한 마리가 있다.)

3. _____ _____ a cage on the tree.

   (나무 위에 새장 하나가 있다.)

4. _____ _____ an eagle in the sky.

   (하늘에 독수리 한 마리가 있다.)

5. _____ _____scorpions in the desert.

   (사막에 전갈들이 있다.)

6. _____ _____ a swan in the lake.

   (호수에 백조가 한 마리 있다.)

7. _____ _____ sharks in the aquarium.

   (수족관에 상어들이 있다.)

8. _____ _____ two turtles in the sea.

   (바다에 거북이 두 마리가 있다.)

9. _____ _____ a butterfly on his head.

   (그의 머리 위에 나비 한 마리가 있다.)

10. _____ _____ flies in the room.

   (방 안에 파리들이 있다.)

다음 주어진 문장을 시제에 유의하여 영작하세요.

1. (거기에) 고양이 한 마리가 있다.

→ _____

2. (거기에) 토끼들이 있었다.

→ _____

3. 여기에 개미 한 마리가 있다.

→ _____

4. 하늘 위에 새들이 있었다.

→ _____

5. 새장 안에 올빼미 한 마리가 있다.

→ _____

6. 둥지 안에 알들이 있었다.

→ _____

7. 여기에 사람들이 있었다.

→ _____

8. 거리에 아이들이 있다.

→ _____

33 조동사 기본과 can

Today Words

1	*pizza*	ⓝ피자	핕자
2	*spaghetti*	ⓝ스파게티	스파겥티
3	*curry*	ⓝ카레	'커뤼
4	*fast food*	ⓝ패스트 푸드	"패스ㅌ "푸ㄷ
5	*hamburger*	ⓝ햄버거	'햄버-거-
6	*French fries*	ⓝ감자 튀김	"프뤤칰 "프롸이ㅈ
7	*chips*	ⓝ포테이토칩	'칲ㅅ
8	*toast*	ⓝ토스트	토우ㅅㅌ
9	*sandwich*	ⓝ샌드위치	샌드위칰
10	*hot dog*	ⓝ핫도그	핱 '덕
11	*salad*	ⓝ샐러드	'샐러ㄷ
12	*dressing*	ⓝ드레싱	'드뤠씽
13	*sauce*	ⓝ양념, 소스	쒀-ㅅ
14	*ketchup*	ⓝ케첩	켙첲
15	*mayonnaise*	ⓝ마요네즈	'메이어네ㅈ
16	*sugar*	ⓝ설탕	'쉬ㅜ거-
17	*bacon*	ⓝ베이컨	베이컨
18	*sausage*	ⓝ소시지	'쒀세직
19	*butter*	ⓝ버터	'벝ㅓ-
20	*cheese*	ⓝ치즈	'치ㅈㅇ
21	*soup*	ⓝ스프	'섶
22	*chopstick*	ⓝ젓가락	'찹스틱
23	*spoon*	ⓝ숟가락	'ㅅ푼
24	*fork*	ⓝ포크	"ㅍ(ㅗ)ㅓ-ㅋ
25	*knife*	ⓝ칼	'나이'ㅍ

DAY 33 조동사 기본과 can

넌 할 수 있어!

조동사는 일반동사 앞에 놓여 능력, 의무, 추측, 가능, 습관 등의 뜻을 더해줍니다.

조동사 기본 사항

- 조동사 뒤에는 무조건 동사원형이 온다.
- 한 문장에 접속사가 없다면 조동사 한 개만 사용한다.
- 의문문과 부정문을 만들 때 조동사를 활용한다.
- 과거형은 과거를 뜻할 때도 있지만 의미를 약하게 할 때도 사용한다.

주요 조동사와 과거형

기본형	기본 의미	과거형
can	~할 수 있다	could
may	~일지도 모른다	might
will	~할 것이다	would
shall	~할까요	should
must	~해야만 한다	

조동사 can

- 가능을 나타낼 때 사용
- 허락을 맡거나 허가를 내려줄 때 사용
  ★ may와 교체 가능하나 2인칭 의문문에서는 can만 사용

- I can do it.
  나는 그것을 할 수 있다.

- Can I go now? / Yes, you can.
  저 지금 가도 될까요? /그래, 가도 돼.

다음 주어진 문장에서 문법적으로 틀린 부분을 고치세요.

1. He may will look for you.

2. Can I going home?

3. It cans not be real.

4. She can doesn't make a sandwich.

다음 주어진 해석과 맞지 않은 부분을 찾아서 다시 쓰세요.

1. May you pass me the salt?

   (저에게 소금을 건네줄 수 있나요?)

   → _____

2. May I had bread with butter?

   (버터 바른 빵을 먹어도 될까요?)

   → _____

3. She can chooses pizza or spaghetti.

   (그녀는 피자나 스파게티를 선택할 수 있다.)

   → _____

4. You can don't hang out with them.

   (너는 그들과 어울릴 수 없다.)

   → _____

---- **Exercise 3** ----------------------------------

다음 주어진 한국말에 맞게 영작하세요.

1. 나는 수영을 할 수 있다.

  → _____

2. 제가 문을 열어도 될까요?

  → _____

3. 당신을 나를 도와줄 수 있나요?

  → _____

4. 나는 영어로 말할 수 없다.

  → _____

---- **Exercise 3-1** --------------------------------

다음 주어진 한국말에 맞게 영작하세요.

1. 저는 지금 가도 될까요?

  → _____

2. 그는 프랑스어로 말할 수 있다.

  → _____

3. 당신은 노래를 부를 수 있나요?

  → _____

4. 그녀는 택시를 탈 수 없다.

  → _____

Today Words

1	*junk food*	ⓝ정크 푸드, 군것질	'정크 "푸드
2	*dessert*	ⓝ디저트, 후식	디져-ㅌ
3	*for snack*	(a)간식으로	풔 '스낵
4	*cake*	ⓝ케이크	'케잌
5	*cookie*	ⓝ쿠키	쿠키
6	*ice cream*	ⓝ아이스크림	'아이스 '크림
7	*chocolate*	ⓝ초콜릿	촤쿨릍
8	*candy*	ⓝ사탕, 캔디	'캔디
9	*beverage*	ⓝ음료	베버뤼직
10	*alcoholic beverage*	ⓝ알코올 음료	알커'헐릭 '베'버뤼직
11	*non-alcoholic beverage*	ⓝ논알콜 음료	난알커'헐릭 '베'버뤼직
12	*soft drink (cold drink)*	ⓝ청량 음료	'쏘'프ㅌ '드링크
13	*draft beer*	ⓝ생맥주	'드뤠'ㅍㅌ '비어
14	*cocktail*	ⓝ칵테일	칵테일
15	*champagne*	ⓝ샴페인	샴페인
16	*wine*	ⓝ와인, 포도주	와인
17	*milk*	ⓝ우유	'밀ㅋ
18	*coke*	ⓝ콜라	코욱
19	*tea*	ⓝ차	'티
20	*coffee*	ⓝ커피	'카'피
21	*juice*	ⓝ주스	'쥐ㅜㅅ
22	*hot chocolate*	ⓝ코코아	핱 '촤클렅
23	*bottle*	ⓝ병	'밭을
24	*cup*	ⓝ컵	컾
25	*glass*	ⓝ유리(컵)	'글래ㅅ

DAY 34 추측의 조동사

그는 배고플 거야.

조동사 이용해서 추측을 할 수 있어요.

긍정의 추측

must	~임에 틀림 없다	강한 추측
may	~일지도 모른다	약한 추측
might	~일지도 모른다	조금 더 약한 추측

- He is hungry. 그는 배고프다. (추측 아닌 사실)
- He must be hungry. 그는 배고픔에 틀림 없다. (강한 추측)
- He may be hungry. 그는 배고플지도 모른다. (약한 추측)
- He might be hungry. 그는 배고플지도 모른다. (조금 더 약한 추측)

부정의 추측

can't	~일리가 없다	강한 추측
may not	~아닐지도 모른다	약한 추측
might not	~아닐지도 모른다	조금 더 약한 추측

- He isn't hungry. 그는 배가 고프지 않다. (추측 아닌 사실)
- He can't be hungry. 그는 배고플 리 없다. (강한 추측)
- He may not be hungry. 그는 배고프지 않을 지도 모른다. (약한 추측)
- He might not be hungry. 그는 배고프지 않을 지도 모른다. (조금 더 약한 추측)

다음 주어진 한국말에 맞게 영작하세요.

1. 그는 잘생기지 않았다.

    → _____

2. 그가 똑똑할 리 없다.

    → _____

3. 그녀는 틀림 없이 슬플 것이다.

    → _____

4. 그는 아이스크림을 먹고 싶을지도 모른다.

    → _____

5. 그녀가 20살일 리 없다.

    → _____

6. 그는 어쩌면 나를 만나고 싶을지도 모른다.

    → _____

다음 주어진 한국말에 맞게 영작하세요.

1. 그는 나를 도울지도 모른다.

   → _____

2. 그는 화났을 리 없다.

   → _____

3. 너는 틀림 없이 행복할 것이다.

   → _____

4. 그는 배고플지도 모른다.

   → _____

5. 그 주스는 달콤할지도 모른다.

   → _____

6. 그녀는 목마르지 않을지도 모른다.

   → _____

의무의 조동사 (상)

Today Words

1	*grow*	ⓥ자라다, 기르다, 되다	'그롸ㅜ
2	*talk*	ⓥ말하다	'트(ㅗ)얼
3	*stop*	ⓥ멈추다 ⓝ정지	'스탚
4	*blow*	ⓥ불다, 날리다 ⓝ강타	'블로ㅜ
5	*fill*	ⓥ(가득) 채우다	"필
6	*touch*	ⓥ만지다, 감동시키다 ⓝ만짐, 촉감	'터치
7	*change*	ⓥ바꾸다 ⓝ변화	'췌인지
8	*knock*	ⓥ두드리다	'낙
9	*join*	ⓥ가입하다, 연결하다	,쥐(ㅗ)ㅓ인
10	*hold*	ⓥ잡다, 유지하다, 개최하다	호울ㄷ
11	*draw*	ⓥ그리다, 끌어 당기다 ⓝ무승부	'ㄷㄹ(ㅗ)ㅏ
12	*speak*	ⓥ말하다, (언어를) 구사하다	'ㅅ픽
13	*say*	ⓥ말하다	'세이
14	*pull*	ⓥ당기다	'풀
15	*push*	ⓥ밀다	'푸쉬
16	*cut*	ⓥ자르다, 중단하다 ⓝ절단	'컽
17	*fix*	ⓥ고정시키다, 정하다	"픽ㅅ
18	*enable*	ⓥ가능하게 하다	이'네이블
19	*in fact*	ⓐ사실은	인 '팩ㅌ
20	*twice*	ⓐ두 번, 두 배로	'트와이ㅅ
21	*cage*	ⓝ새장, 우리	케이지
22	*nest*	ⓝ둥지	네스ㅌ
23	*tail*	ⓝ꼬리	테일
24	*wing*	ⓝ날개	'윙
25	*hatch*	ⓥ부화하다	해취

DAY 35 의무의 조동사(상)

치킨을 먹어야만 해.

조동사 이용해서 의무를 나타낼 수 있어요.

긍정의 의무

must	반드시 해야 한다	강한 의무
have to	해야 한다	의무
should	해야 한다	권고, 충고

- You must keep the rule.
  너는 반드시 규칙을 지켜야 한다.

- You have to take a step.
  너는 조치를 취해야 한다.

- You should take his advice.
  너는 그의 조언을 받아들여야 한다.

부정의 의무

must not	해서는 절대 안 된다	강한 의무
don't have to	할 필요가 없다	= don't need to
should not	하지 말아야 한다	권고, 충고

- You must not drink anymore.
  너는 더 이상 술을 마셔서는 안 된다.

- He doesn't have to buy her a drink.
  그는 그녀에게 술을 사줄 필요가 없다.

- You shouldn't let him alone.
  너는 그를 혼자두지 말아야 한다.

다음 주어진 단어를 활용하여 영작하세요.

1. 너는 목소리를 높여야 해. (speak up)

 → _____

2. 그녀는 그녀의 부모님들을 이해해야 한다. (understand)

 → _____

3. 너는 동물들을 만지지 말아야 한다. (should, touch)

 → _____

4. 너는 규칙들을 반드시 지켜야만 한다. (keep the rule)

 → _____

5. 나는 그를 무시해서는 안 된다. (must, ignore)

 → _____

6. 너는 그 동아리에 가입할 필요가 없다. (join the club)

 → _____

7. 너는 반드시 가능한 빨리 조치를 취해야만 한다. (take a step)

 → _____as soon as possible.

8. 너는 군것질하지 말아야 한다. (eat junk food)

 → _____

다음 주어진 한국말에 맞게 영작하세요.

1. 너는 일본에 살 필요가 없다.

→ _____

2. 그녀는 학교에 가야만 한다.

→ _____

3. 그는 반드시 지금 멈춰야만 한다.

→ _____

4. 나는 그 책을 읽을 필요가 없다.

→ _____

5. 그녀는 택시를 타지 말아야만 한다.

→ _____

6. 너는 술을 너무 많이 마시면 절대 안 된다.

→ _____

7. 너는 초콜릿을 먹지 말아야 된다.

→ _____

8. 나는 열심히 공부할 필요가 없다.

→ _____

36 의무의 조동사 (하)

Today Words

1	*calendar*	ⓝ달력	'캘린더-
2	*card*	ⓝ카드	'카ㄷ
3	*case*	ⓝ경우, 사건	'케이ㅅ
4	*cover*	ⓝ덮개, 표지 ⓥ덮다	'커'버-
5	*dial*	ⓝ숫자판, 다이얼	'다이을
6	*film*	ⓝ필름, 영화	"필름
7	*heart*	ⓝ마음, 심장, 애정	'핱
8	*hole*	ⓝ구멍	호울
9	*line*	ⓝ선, 줄, 끈	'(을)라인
10	*list*	ⓝ목록	'(을)리ㅅㅌ
11	*lot*	ⓝ뽑기	'(을)랕
12	*meter*	ⓝ미터	'미터-
13	*people*	ⓝ사람들	'피플
14	*pocket*	ⓝ주머니	'파킽
15	*point*	ⓝ점수, 점, 요점	'ㅍ(ㅗ)ㅓ인ㅌ
16	*post*	ⓝ기둥, 우편	포ㅜㅅㅌ
17	*poster*	ⓝ벽보, 포스터	'포ㅜㅅ터
18	*print*	ⓝ인쇄 ⓥ인쇄하다	'프륀ㅌ
19	*robot*	ⓝ로보트	'로ㅜ밭
20	*shape*	ⓝ모양	'쉐잎
21	*side*	ⓝ옆, 측면 ⓐ부가적인	'사이ㄷ
22	*space*	ⓝ공간, 우주	'스페이ㅅ
23	*steam*	ⓝ증기, 스팀	'ㅅ팀
24	*stick*	ⓝ막대기 ⓥ찌르다, 붙이다	'ㅅ틱
25	*bell*	ⓝ종, 벨	'벨

DAY 36 의무의 조동사 (하)

아 치킨을 먹지 말았어야 했는데.

긍정의 의무, 과거

had to	했어야 했다	했을 가능성 높음
should have p.p.	했어야 했는데	못했다

- He had to do his homework.
  그는 숙제를 했어야 했다.

- I should have charged my smartphone.
  나는 스마트 폰을 충전했어야 했는데 (안했다).

부정의 의무, 과거

didn't have to	할 필요가 없었는데	했다
shouldn't have p.p.	하지 말았어야 했는데	했다

- I didn't have to call him.
  나는 그에게 전화할 필요가 없었는데 (했다).

- I shouldn't have eaten chicken last night.
  나는 어젯밤에 치킨을 먹지 말았어야 했는데 (먹었다).

다음을 should(n't) have p.p.를 활용하여 영작하세요.

1. 너는 그녀를 봤어야 했는데.

→ _____

2. 나는 치킨을 먹지 말았어야 했는데.

→ _____

3. 나는 그와 노래를 부르지 말았어야 했는데.

→ _____

4. 나는 사진을 찍었어야 했는데.

→ _____

5. 너는 신중했어야 했는데. (be careful)

→ _____

6. 나는 서둘렀어야 했는데. (be on a hurry)

→ _____

7. 그녀는 문을 잠궜어야 했는데. (lock)

→ _____

8. 그는 그녀에게 전화하지 말았어야 했는데.

→ _____

---- **Exercise 2** -------------------------------

다음 주어진 한국말에 맞게 영작하세요.

1. 너는 노래부를 필요가 없었는데.

→ _____

2. 너는 노래부를 필요가 없다.

→ _____

3. 너는 노래를 불렀어야 했는데.

→ _____

4. 너는 노래를 부르지 말았어야 했는데.

→ _____

---- **Exercise 2-1** -------------------------------

다음 주어진 한국말에 맞게 영작하세요.

1. 나는 그를 만났어야 했는데.

→ _____

2. 나는 그를 만날 필요가 없다.

→ _____

3. 나는 그를 만나지 말았어야 했는데.

→ _____

4. 나는 그를 만날 필요가 없었는데.

→ _____

37 used to vs would

Today Words

1	*sport*	ⓝ운동경기, 스포츠	'ㅅㅍ(ㅗ)ㅓ-ㅌ
2	*baseball*	ⓝ야구	'베이스볼
3	*soccer*	ⓝ축구	'싸커-
4	*football*	ⓝ(미식)축구	"풋볼
5	*volleyball*	ⓝ배구	발리볼
6	*basketball*	ⓝ농구	베스킽볼
7	*bowling*	ⓝ볼링	'보울링
8	*swimming*	ⓝ수영	'ㅅ위밍
9	*tennis*	ⓝ테니스	'테,니ㅅ
10	*marathon*	ⓝ마라톤	매러θ언
11	*badminton*	ⓝ배드민턴	배드민튼
12	*judo*	ⓝ유도	'쥬도우
13	*hockey*	ⓝ하키	허키
14	*golf*	ⓝ골프	골'ㅍ
15	*billiards*	ⓝ당구	'빌리어ㅈ
16	*skate*	ⓝ스케이트	'ㅅ케잍
17	*jog*	ⓥ조깅하다	쟉
18	*balloon*	ⓝ풍선	버'(을)룬
19	*instrument*	ⓝ악기, 기구	인스트러멘ㅌ
20	*sing*	ⓥ노래하다	'씽
21	*song*	ⓝ노래	'ㅆ(ㅗ)앙
22	*guitar*	ⓝ기타	기'타-
23	*piano*	ⓝ피아노	피'애노ㅜ
24	*violin*	ⓝ바이올린	바이어'(을)린
25	*drum*	ⓝ북, 드럼	'ㄷ럼

DAY 37 used to vs would

저 모쏠 아닌데요? I used to have a girlfriend

used to와 would는 모두 과거의 습관을 나타내는데요. 어떤 차이가 있는지 공부해봅시다

used to: 과거의 규칙적인 습관이나 상태를 나타낸다

- There used to be a house on the tree.
  나무 위에 집이 있곤 했다.
- I used to have a boyfriend.
  나는 남자 친구가 있곤 했다.

would: 과거의 불규칙적인 습관을 나타낸다

- I would play tennis with him.
  나는 그와 테니스를 치곤 했다. (불규칙적으로)

used to vs would

- I would play tennis with him.
  나는 그와 테니스를 치곤 했다.
- I used to play tennis every weekend.
  나는 주말마다 테니스를 치곤 했다.

다음 주어진 문장을 해석하세요.

1. I used to live in France.

2. I used to play the guitar every Saturday.

3. She would sometimes cry.

4, There used to be a church in the town.

5. I used to sing a song every day.

6. He would run a marathon.

7. I used to live with my family.

8. They would often play golf together.

---- **Exercise 2** ---------------------------------

다음 주어진 한국말에 맞게 영작하세요.

1. 나는 서울에 살곤 했다.

   → _____

2. 그는 아침마다 수영하곤 했다.

   → _____

3. 나는 가끔 축구를 하곤 했다.

   → _____

4. 그는 아내가 있곤 했다.

   → _____

5. 그녀는 멋진 차를 가지곤 했다.

   → _____

6. 나는 수요일마다 농구를 하곤 했다.

   → _____

7. 우리는 자주 바이올린을 키곤 했다.

   → _____

8. 우리 집에는 로봇이 있곤 했다.

   → _____

현재완료(상)

Today Words

1	*pot*	ⓝ냄비, 솥	퐈트
2	*frying pan*	ⓝ프라이팬	"프롸잉 '팬
3	*kettle*	ⓝ주전자	케틀
4	*dish*	ⓝ접시, 음식	'디쉬
5	*bowl*	ⓝ사발	보울
6	*tray*	ⓝ쟁반	'트뤠이
7	*tablecloth*	ⓝ식탁보	'테이블클로θ
8	*hanger*	ⓝ행거	'행거
9	*curtain*	ⓝ커튼	'컬-튼
10	*carpet*	ⓝ카페트, 양탄자	카핕
11	*cushion*	ⓝ쿠션	쿠션
12	*pillow*	ⓝ베개	필러우
13	*blanket*	ⓝ담요	블랭킽
14	*faucet*	ⓝ(수도)꼭지	풔시ㅌ
15	*bathtub*	ⓝ욕조	'배θ텁
16	*towel*	ⓝ수건, 타월	타월
17	*vase*	ⓝ(꽃)병	베이ㅅ
18	*lamp*	ⓝ등, 램프	'(을)램ㅍ
19	*candle*	ⓝ양초, 캔들	'캔들
20	*flashlight*	ⓝ손전등	"플래쉬라잍
21	*battery*	ⓝ건전지, 배터리	배터뤼
22	*charge*	ⓥ충전하다	챠ㄹ직
23	*garbage can*	ⓝ쓰레기통	'가비직 캔
24	*album*	ⓝ앨범, 사진첩	'앨범
25	*picture*	ⓝ그림, 사진	'픽춰-

DAY 38 현재완료(상)

5년째 여기서 살고 있어요.

현재완료는 과거부터 시작해서 현재까지 영향을 미치고 있음을 표현하고자 할 때 씁니다

현재완료 기본형: has /have p.p.

• She has lived in Tokyo for 3 years.
그녀는 도쿄에서 3년간 살아왔다.

현재완료 의문문

has/had를 문장 맨앞으로 빼면 된다.

• Has she lived in Tokyo for 3 years?
그녀는 도쿄에서 3년간 살아왔니?

현재완료 부정의 축약형

주어	현재완료의 부정	축약형
3인칭 단수	has not p.p.	hasn't p.p.
그 외	have not p.p.	haven't p.p.

• She hasn't lived in Tokyo for 3 years.
그녀는 도쿄에서 3년간 살아오지 않았다.

다음 주어진 문장을 현재완료형 문장으로 다시 쓰세요.

1. I lost weight.

→ _____

2. I didn't meet the actor.

→ _____

3. Three years passed.

→ _____

4. We keep in touch with each other.

→ _____

5. I use chopsticks.

→ _____

6. They follow his directions.

→ _____

7. I told her everything about Lisa.

→ _____

8. I work at the factory.

→ _____

9. She always does her best.

→ _____

10. I don't like her.

→ _____

---- **Exercise 2** -------------------------------

다음 주어진 문장의 시제에 유의하며 영작하세요.

1. 나는 부산(Busan)에 산다.

→ _____

2. 나는 작년에 부산에 살았다.

→ _____

3. 나는 작년부터 부산에 살고 있다.

→ _____

4. 나는 지금까지 가족과 함께 살고 있다.

→ _____

5. 어제는 눈이 왔다.

→ _____

6. 그녀는 3년 동안 피아노를 쳐왔다.

→ _____

7. 그는 2010년부터 사무실에서 일해왔다.

→ _____

8. 그들은 그때 이후로 행복해왔다.

→ _____

현재완료(하)

Today Words

1	*flower*	ⓝ꽃	"플라워-
2	*tree*	ⓝ나무	'트뤼
3	*rose*	ⓝ장미 ⓐ장미색의	로ㅗㅈ어
4	*lily*	ⓝ백합	(을)릴리
5	*sunflower*	ⓝ해바라기	'썬'플라워
6	*tulip*	ⓝ튤립	'튜(을)립
7	*pine tree*	ⓝ소나무	'파인 '트뤼
8	*bamboo*	ⓝ대나무	뱀부
9	*bush*	ⓝ덤불, 수풀	부쉬
10	*leaf*	ⓝ잎	'(을)리'ㅍ
11	*root*	ⓝ뿌리	루ㅌ
12	*stem*	ⓝ줄기	스템
13	*branch*	ⓝ(나뭇)가지, (프랜차이즈)지사	브뢘취
14	*seed*	ⓝ씨 ⓥ씨를 뿌리다	씨ㄷ
15	*skin*	ⓝ피부, 가죽	스킨
16	*bud*	ⓝ싹 ⓥ싹을 틔우다	버ㄷ
17	*plant*	ⓝ식물 ⓥ심다	'플랜ㅌ
18	*pick*	ⓥ따다, 고르다	'픽
19	*inform*	ⓥ알리다	인'풤
20	*recognize*	ⓥ인식하다, 인지하다	뤠커그나이ㅈ
21	*contact*	ⓥ접촉하다, 연락하다 ⓝ접촉, 연락	칸택ㅌ
22	*accomplish*	ⓥ성취하다	어캄플리쉬
23	*restrict*	ⓥ제한하다	뤼'스트뤽ㅌ
24	*endure*	ⓥ견디다	엔듀어
25	*depend on*	ⓥ의존하다, 의지하다	디'펜ㄷ안

DAY 39 현재완료 (하)

살면서 여자친구를 사귀어본 적이 없어요.

완료시제는 기본 용법 외에 추가 용법들이 있습니다. 알면 문장을 좀 더 완성도 있게 활용할 수 있으니 어서 공부해볼까요?

계속적 용법: 완료시제 대표적인 용법으로 과거의 한 시점에서 현재까지 계속됨을 나타냄

- She has lived in Tokyo for 3 years.
  그녀는 도쿄에서 3년간 살아왔다.

경험적 용법: 경험을 말할 때 쓰며, '~한 적이 있다'로 해석함

- Have you ever been to New York?
  당신은 뉴욕에 가본 적이 있습니까?

완료적 용법: 이미 완료가 된 사건을 강조하고자 할 때 씀

- They have just got married.
  그들은 방금 막 결혼했다.

결과적 용법: 과거에 종료된 일의 결과가 현재까지 영향을 미칠 때 사용

- She has lost her only shoes, so she walks barefoot.
  그녀는 그녀의 유일한 신발을 잃어버렸다, 그래서 그녀는 맨발로 다닌다.

다음 문장을 해석하고 사용된 현재완료의 용법을 확인하세요.

1. I have lived in New York for 10 years.

2. They have just knocked the window.

3. She has held the card for a long time.

4. I have talked to him once.

5. He has already pushed the car.

6. I have lost my wallet, so I should buy one.

7. You have already joined the music club.

8. I have learned French since 2011.

---- Exercise 2 -------------------------------

다음 주어진 한국말에 맞게 현재완료 시제로 영작하세요.

1. 그는 막 문을 두드렸다.

→ _____

2. 그들은 이미 그 박스를 밀었다.

→ _____

3. 그는 그녀를 2013년 이래로 사랑해왔다.

→ _____

4. 그 계획은 오랜 시간 동안 완벽해 보였다.

→ _____

5. 너는 서울에서 5년간 살아왔다.

→ _____

6. 그는 나에게 한 번 말을 건 적이 있다.

→ _____

7. 그녀는 카메라를 잃어버렸다, 그래서 그녀는 하나 사야 한다.

→ _____

8. 그는 이미 공을 던졌다.

→ _____

 과거와 현재완료

Today Words

1	*eat out*	ⓥ외식하다	'잍 '아웉
2	*make a reservation*	ⓥ예약하다	'메잌 어 뤠ㅈ어"베이션
3	*for here*	(a)(식당에서) 먹고 가는	풔 히어
4	*to go*	(a)포장해가는	투 '고우
5	*menu*	ⓝ메뉴	메뉴
6	*take the order*	ⓥ주문을 받다	'테잌 ㄷ히 '아더
7	*restroom*	ⓝ화장실	'뤠스트룸
8	*vegetarian*	ⓝ채식주의자 ⓐ채식주의자의	베쥑'테리언
9	*server (waiter)*	ⓝ종업원	'써'붜
10	*manager*	ⓝ관리자, 경영자, 매니저	'매니져
11	*sir*	ⓝ님, 씨	'써-
12	*ma'am*	ⓝ아주머니, 부인	'맴
13	*street*	ⓝ거리	'ㅅㅌ뤼ㅌ
14	*deliver*	ⓝ배달하다	딜리버-
15	*delivery*	ⓝ배달, 출산	딜'리'버뤼
16	*service*	ⓝ봉사, 서비스 ⓥ봉사하다	'설-'비ㅅ
17	*recommend*	ⓥ추천하다	뤠커멘ㄷ
18	*check*	ⓝ검사, 확인 ⓥ검사하다, 확인하다	첵
19	*cancel*	ⓥ취소하다	캔설
20	*confirm*	ⓥ확인하다, 확정하다	컨'풤
21	*pay in cash*	ⓥ현금으로 계산하다	'페이 인 '캐시
22	*pay with my credit card*	ⓥ신용카드로 계산하다	'페이 위θ '마이 '크뤠딭 '카ㄷ
23	*brand new*	ⓐ신상품의	'브뤤ㄷ 뉴
24	*look around*	ⓥ둘러보다	'(을)룩 어'롸운ㄷ
25	*try on*	ⓥ입어보다	'트롸이 안

DAY 40 과거와 현재완료
가장 큰 차이점은 현재와의 연결성

과거과 현재완료를 구분짓는 가장 큰 차이점은 현재와의 관련 여부입니다. 과거는 과거에 종료되어 현재랑은 관련이 없고, 현재완료는 과거에 시작된 일이 현재까지 영향을 미칠 때 사용합니다.

- I lived in Paris. (과거)
  나는 파리에 살았다. (지금은 살고 있지 않음)

- I have lived in Paris since I was ten years old. (현재완료)
  나는 10살부터 파리에 살아 왔다. (지금도 살고 있음)

- I hated him. (과거)
  나는 그를 싫어했다. (지금은 안 싫어함)

- I have hated him since that day. (현재완료)
  나는 그날 이후로 그를 싫어해 왔다. (지금도 싫어함)

다음 괄호 안에서 적절한 표현을 골라 O표 하세요.

1. The girl (played / has played) the guitar last Sunday.

2. The girl (played / has played) the violin since last Sunday.

3. I (danced / have danced) with him last year.

4. She (learned / has learned) to dance since last year.

5. He (became / has become) a professor in 2009.

6. She (sang / has sung) in the restaurant since 2009.

다음 괄호 안에서 적절한 표현을 골라 O표 하세요.

1. The designer (stayed / has stayed) in the hotel for 3 years.

2. We (enjoyed / have enjoyed) the party last Saturday.

3. He (drove / has driven) well so far.

4. The bird (flied / has flied) high yesterday.

5. The man (needed / has needed) money 10 years ago.

6. The man (had / has had) enough money since then.

■ between vs among

between	둘 사이에	거리, 시간, 비유적인 상황 등에서 사용
among	~가운데에, 속에	

- There are no secrets between us.
  우리 사이에는 비밀이 없다.

- She is outstanding among students.
  그녀는 학생들 가운데서 눈에 띈다.

■ for vs during

for	+ 구체적인 기간 (진행 또는 배경)	~동안
during	+특정 기간 (배경)	

- He has studied English for two hours.
  그는 2시간 동안 영어를 공부해오고 있다.

- I will study English during the summer vacation.
  나는 여름방학 동안 영어를 공부할 것이다.

■ 자주 쓰이는 전치사구

because of	~때문에	
thanks to	~덕택에	
in front of	~앞에	
in spite of	~에도 불구하고	= despite
instead of	~대신에	
according to	~에 따라서	
regardless of	~에 관계 없이	

- Anyone can apply for the job regardless of age.
  누구나 나이에 상관 없이 그 일에 지원할 수 있다.

- She volunteered for militaty service instead of her husband.
  그녀는 남편 대신에 군대에 자원하였다.

목적어로 동사를 쓰고 싶다면(상)

Today Words

1	*pen*	ⓝ펜, 가축 우리	'펜
2	*pencil*	ⓝ연필	'펜슬
3	*ink*	ⓝ잉크, 먹물	'잉ㅋ
4	*crayon*	ⓝ크레용	'ㅋ뤠ㅣ,안
5	*eraser*	ⓝ지우개	이'뤠이서-
6	*scissors*	ⓝ가위	'씨ㅈ어ㅅ
7	*ruler*	ⓝ자, 통치자	'룰러-
8	*glue*	ⓝ풀, 접착제	글루
9	*notebook*	ⓝ공책	'노우ㅌ북
10	*paper*	ⓝ종이, 서류	'페잎ㅓ-
11	*letter*	ⓝ편지	'(을)레터-
12	*envelope*	ⓝ봉투	엔벨로웊
13	*hammer*	ⓝ망치 ⓥ망치질하다	해머
14	*nail*	ⓝ손톱, 못 ⓥ못박다	네일
15	*ladder*	ⓝ사다리	'(을)래더-
16	*decide*	ⓥ결정하다	디싸이ㄷ
17	*plan*	ⓝ계획 ⓥ계획하다	'플랜
18	*agree*	ⓥ동의하다	어그뤼
19	*refuse*	ⓥ거절하다	뤼'퓨ㅈ
20	*expect*	ⓥ예상하다, 기대하다	익스펙ㅌ
21	*wish*	ⓥ희망하다, 소원	위싃
22	*support*	ⓥ지지하다	써풔ㅌ
23	*advise*	ⓥ조언하다, 충고하다	애드'바이ㅈ
24	*assist*	ⓥ돕다	어씨스ㅌ
25	*husband*	ⓝ남편	허'ㅅ밴ㄷ
	wife	ⓝ아내	와이"ㅍ

DAY 41 목적어로 동사를 쓰고 싶다면(상

나는 저축하기로 결심했어.

목적어 자리에는 명사가 오지만 명사역할을 하는 to부정사나 동명사도 올 수 있어요.
목적어 자리에 무엇이 올지는 동사에 달려있답니다!

to부정사를 목적어로 하는 동사

want, hope, decide, learn, choose, decline, agree, expect, pretend 등

- I want to pass the exam.
  나는 시험에 통과하길 원한다.

- I decided to save money.
  나는 저축하기로 결심했다.

- I decided to learn to play the piano.
  나는 피아노 치는 것을 배우기로 결심했다.

동명사를 목적어로 하는 동사

enjoy, imagine, consider, allow 등

- I never consider marrying him.
  나는 그와 결혼하는 것을 결코 고려해본 적이 없다.

- He allowed going on a drive with her.
  그는 그녀와 드라이브하는 것을 허락했다.

다음 주어진 해석에 맞게 빈칸을 채우세요. (시제 유의)

1. _____ travel around the world.

   (그녀는 세계여행을 하기로 결심했다.)

2. _____ read a novel all night long.

   (그들은 밤새서 소설을 읽는 것을 선택했다.)

3. _____ help each other.

   (그는 서로 돕기를 원한다.)

4. _____ stay 2 more days.

   (나는 이틀 더 머무를 것을 거절했다.)

---- **Exercise 1-1** ----------------------------------

다음 주어진 해석에 맞게 빈칸을 채우세요. (시제 유의)

1. _____ be on a diet.

   (나는 다이어트하기로 결심했다.)

2. _____ take a shower.

   (그는 샤워할 필요가 있다.)

3. _____ become a poet.

   (그녀는 시인이 되기를 희망한다.)

4. _____ to share bread with him.

   (그는 빵을 그와 나눠 먹는데 동의했다.)

다음 주어진 문장의 시제에 유의하며 영작하세요.

1. 나는 그녀와 춤추기를 원한다.

→ _____

2. 우리는 함께 술마시기로 선택했다.

→ _____

3. 나는 가족들과 함께 살기를 기대한다.

→ _____

4. 그녀는 문을 여는 척 했다.

→ _____

5. 그들은 축구를 하는데 동의했다.

→ _____

6. 그녀는 컴퓨터 게임을 하기로 결심했다.

→ _____

7. 나는 그녀를 만나기를 희망한다.

→ _____

8. 나는 이번 주말에 영화 보러 갈까 고려한다.

→ _____

목적어로 동사를 쓰고 싶다면(하)

Today Words

1	*story*	ⓝ이야기, 줄거리	'人트(ㅗ)ㅓ뤼
2	*novel*	ⓝ소설 ⓐ새로운	나'블
3	*poem*	ⓝ한 편의 시	'포우엠
4	*fable*	ⓝ우화	''페이블
5	*fairy tale*	ⓝ동화	''페뤼 '테일
6	*myth*	ⓝ신화, 미신	미θ
7	*diary*	ⓝ일기, 일기장	'다이ㅓ뤼
8	*poet*	ⓝ시인	'포우잍
9	*poetry*	ⓝ시 전체	포우이트뤼
10	*prince*	ⓝ왕자	프린人
11	*princess*	ⓝ공주	'프륀쎄人
12	*king*	ⓝ왕	'킹
13	*queen*	ⓝ여왕	'쿠인
14	*legend*	ⓝ전설	(을)레젼ㄷ
15	*language*	ⓝ언어	'(을)랭귀직
16	*sentence*	ⓝ문장, 판결 ⓥ판결하다	센턴人
17	*word*	ⓝ단어, 말	'워어-ㄷ
18	*text*	ⓥ문자보내다 ⓝ본문, 텍스트	넥스트
19	*idea*	ⓝ생각, 아이디어	아이'디어
20	*try*	ⓥ시도하다, 노력하다	트라이
21	*hate*	ⓥ싫어하다	'헤잍
22	*remember*	ⓥ기억하다	뤼'멤버-
23	*regret*	ⓥ후회(하다), 유감	뤼그뤠트
24	*allow*	ⓥ허락하다	얼라우
25	*admire*	ⓥ감탄하다, 칭찬하다	애드.마이어

DAY 42 목적어로 동사를 쓰고 싶다면(ㅎ

그들은 계획을 세우는 것을 즐겼어.

to부정사와 동명사 의미 차이가 거의 없는 경우

start, begin, love, like, hate 등

- I like to leave for abroad. (= I like leaving for abroad.)
  나는 해외로 떠나는 것을 좋아한다.

to부정사와 동명사 의미 차이가 있는 경우

remember, forget, regret to부정사	~할 것을 기억한다, 잊다, 후회한다
remember, forget, regret 동사ing	~했던 것을 기억한다, 잊다, 후회한다
stop to 동사원형	~하기 위해서 멈춘다
stop 동사ing	~하는 것을 멈춘다
try to 동사원형	~하려고 노력하다
try 동사ing	~하려고 해보다, 시도하다

- He forgot giving her a ride.
  그는 그녀를 태워줬다는 것을 잊었다.

- Don't forget to give her a ride.
  그녀를 태워줘야 한다는 것을 잊지 마.

- He regrets leaving her.
  그는 그녀를 떠난 것을 후회한다.

- I tried to turn off the tap.
  나는 수도꼭지를 잠그려고 노력했다.

- Have you ever tried windsurfing?
  당신은 윈드서핑을 해 본 적이 있나요?

다음 주어진 해석에 맞게 빈칸을 채우세요.

1. I stopped _____ flowers.

   (나는 꽃을 사기 위해 (가던 길에서) 멈췄다.)

2. I remember _____ the police.

   (나는 경찰에 전화했던 것을 기억한다.)

3. He forgot _____ up early.

   (그는 일찍 일어나야 한다는 것을 잊었다.)

4. She stopped _____ in touch with him.

   (그녀는 그와 연락하는 것을 멈췄다.)

다음 주어진 해석에 맞게 빈칸을 채우세요.

1. I stopped _____ flowers once a week.

   (나는 일주일에 한번 꽃을 사는 것을 그만뒀다.)

2. I forgot _____ a quality time with my family.

   (나는 나의 가족들과 값진 시간을 보냈던 것을 잊었다.)

3. The company started _____ a profit.

   (그 회사는 수익을 내기 시작했다.)

4. Remember _____ your ID card.

   (신분증을 챙겨야 되는 것을 기억해.)

다음 주어진 한국말에 맞게 영작하세요.

1. 나는 춤추는 것을 좋아한다.

→ _____

2. 그녀는 문을 열려고 노력했다.

→ _____

3. 나는 방과 후에 책을 읽는 것을 즐긴다.

→ _____

4. 신용카드를 챙겨야 하는 것을 기억해.

→ _____

5. 그녀는 피아노 치는 것을 멈췄다.

→ _____

6. 나는 그녀에게 전화했던 것을 잊었다.

→ _____

7. 그들은 영어를 공부하는 것을 시작했다.

→ _____

8. 그녀를 기쁘게 만든 것을 후회하지 마.

→ _____

지각동사, 사역동사

Today Words

1	*ocean*	ⓝ바다, 해양	오우션
2	*sea*	ⓝ바다 ⓐ바다의	'씨
3	*beach*	ⓝ해변	'비치
4	*river*	ⓝ강	'뤼'버-
5	*lake*	ⓝ호수	'(을)레이ㅋ
6	*pond*	ⓝ연못	판ㄷ
7	*mountain*	ⓝ산	'마운튼
8	*hill*	ⓝ언덕	'힐
9	*rock*	ⓝ바위	'롹
10	*stone*	ⓝ돌	'ㅅ토운
11	*sand*	ⓝ모래	'샌ㄷ
12	*soil*	ⓝ흙, 토양	소어일
13	*mud*	ⓝ진흙, 진창	머ㄷ
14	*farm*	ⓝ농장	팜
15	*field*	ⓝ들판, 밭, 분야	필ㄷ
16	*land*	ⓝ육지, 나라 ⓥ착륙하다	'(을)랜ㄷ
17	*jungle*	ⓝ밀림, 정글	'쥐엉글
18	*island*	ⓝ섬	'아일렌ㄷ
19	*village*	ⓝ마을	"빌리지
20	*desert*	ⓝ사막	데저ㅌ
21	*sky*	ⓝ하늘	'ㅅ카이
22	*air*	ⓝ공기	'에ㅓ
23	*forest*	ⓝ숲, 산림	풔뤠스ㅌ
24	*life*	ⓝ삶, 생명	(을)라이'프
25	*creature*	ⓝ생물체	'크뤼춰

DAY 43 지각동사, 사역동사

나는 내가 아닌 그가 시험에 통과하길 원해.

많이들 어려워하는 단원이지만 실용적이고 활용도가 높습니다. 억지로 이해하려 하기보다는 여유를 가지고 많은 예문을 통해서 자연스럽게 이해하는 것이 좋아요!

지각동사와 사역동사

• 지각동사: 감각기관을 통해서 대상을 인식하는 동사

　　　　　(눈을 통해) 보다, (귀를 통해) 듣다 등등

• 사역동사: '시키다, 하게 하다'는 의미의 동사

지각동사와 사역동사의 종류

지각동사	smell, see, watch, hear, feel 등
사역동사	make, have, let

• 지각동사는 뒤에 동사원형이나 동사ing가 온다
• 사역동사는 뒤에 동사원형이 온다
• 지각동사나 사역동사가 아닐 경우 뒤에 to부정사가 온다
• 동사 뒤 관계가 수동일 때는 동사와 상관 없이 무조건 p.p.가 온다

• I want him to win the game.
　　나는 그가 게임에서 이기기를 원한다. (지각동사, 사역동사 아님)

• My teacher let me clean the classroom.
　　나의 선생님은 내가 교실을 청소하게 했다. (사역동사)

• I let my tooth pulled by the dentist.
　　나는 나의 이를 치과의사에 의해 뽑히게 했다.
　　➡ my tooth와 pulled의 관계가 수동

다음 문장에서 문법적으로 틀린 부분을 고치고 해석하세요.

1. I saw a frog to jump in the pond.

2. Let me introducing my self.

3. Her mother allowed her playing with mud.

4. Alice persuaded her brother getting a job.

5. She had students carrying her luggage.

6. You felt someone touched your hand.

---- **Exercise 1-1** --------------------------------

다음 문장에서 문법적으로 틀린 부분을 고치고 해석하세요.

1. He saw creatures to swimming in the lake.

2. I heard him lived alone in the island.

3. They force me abandon him in the desert.

4. I had my hair cutted in the hair salon.

5. I let my tooth pull.

6. She wants him cherish his life.

다음 주어진 한국말에 맞게 영작하세요.

1. 그는 그의 아들이 열심히 공부하게 만들었다.

  → _____

2. 그녀는 그가 그녀를 기다리길 원했다.

  → _____

3. 나는 새가 하늘을 나는 것을 봤다.

  → _____

4. 나는 그녀가 길에서 우는 것을 들었다.

  → _____

---- **Exercise 2-1** ------------------------------

다음 주어진 한국말에 맞게 영작하세요.

1. 그녀는 내가 섬에서 사는 것을 허락했다.

  → _____

2. 그는 그녀가 그녀의 마음을 바꿨다고 느꼈다.

  → _____

3. 우리는 그가 그녀와 춤추는 것을 봤다.

  → _____

4. 나는 고양이들이 씻겨지게 했다.

  → _____

 **명령문**

Today Words

1	*deep*	ⓐ깊은 (a)깊게	ˈ딮
2	*shallow*	ⓐ얕은, 피상적인	셸러우
3	*dry*	ⓐ마른, 건조한 ⓥ말리다, 건조시키다	드라이
4	*wet*	ⓐ젖은	ˈ웰
5	*straight*	ⓐ곧은, 일직선의 (a)똑바로	ˈㅅ트뤠잍
6	*right*	ⓝ오른쪽, 권리 ⓐ오른쪽의, 옳은 (a)곧바르게	ˈ롸이ㅌ
7	*left*	ⓝ왼쪽 ⓐ왼쪽의	ˈ(을)레ˈㅍㅌ
8	*cross*	ⓝ십자가 ⓥ가로지르다, 건너다	ˈㅋ롸ㅅ
9	*fast*	ⓐ빠른 (a)빨리	ˈˈ패ㅅㅌ
10	*slow*	ⓐ느린	ㅅˈ로ㅜ
11	*quick*	ⓐ빠른, 신속한	ˈ쿠익
12	*middle*	ⓐ가운데의	ˈ미들
13	*low*	ⓐ낮은	ˈ(을)로ㅜ
14	*high*	ⓝ높은 (a)높게, 높이	ˈ하이
15	*corner*	ⓝ모퉁이	ˈㅋ(ㅗ)ㅓ-너
16	*front*	ⓝ앞, 정면	ˈˈㅍ뤈ㅌ
17	*center*	ⓝ중심, 중심지	ˈ센터-
18	*convenient*	ⓐ편리한	컨ˈˈ비니언ㅌ
19	*inconvenient*	ⓐ불편한	인컨ˈ비니언ㅌ
20	*acceptable*	ⓐ받아들일 수 있는	액ˈ쎂터블
21	*unacceptable*	ⓐ받아들일 수 없는	어낵ˈ쎂터블
22	*appropriate*	ⓐ적절한	어ㅍ롸ㅍ뤼에이ㅌ
23	*inappropriate*	ⓐ적절하지 않은	이너ˈㅍ뤄우ㅍ뤼엩
24	*necessary*	ⓐ필수적인	네서세뤼
25	*unnecessary*	ⓐ불필요한, 쓸데없는	언ˈ네서세뤼

DAY 44 명령문

부끄러워하지 마.

명령문 만드는 방법을 간단하게 배워볼까요?

긍정 명령문

주어를 생략하고 동사원형으로 시작. '~해라'로 해석

- Be honest.
  정직해라.
- Love your neighbors.
  너의 이웃들을 사랑하라.

부정 명령문

Don't나 Never 뒤에 바로 동사원형을 두고 시작. '~하지 마라'로 해석

- Don't make a noise.
  시끄럽게 하지 마라.
- Don't be shy.
  부끄러워 하지 마라.

다음 주어진 문장을 명령문으로 다시 쓰세요.

1. You are honest.

→ _____

2. You go straight.

→ _____

3. You turn left.

→ _____

4. You go fast.

→ _____

5. You slow down.

→ _____

6. You speak up.

→ _____

다음 주어진 한국말에 맞게 영작하세요.

1. 관대해라.

→ _____

2. 조용히 해라.

→ _____

3. 오른쪽으로 돌아라.

→ _____

4. 빠르게 가라.

→ _____

5. 그들을 무시하지 마라.

→ _____

6. 문을 열어라.

→ _____

7. 술을 많이 마시지 마라.

→ _____

8. 조심히 운전해라.

→ _____

and, or, but, so

Today Words

1	*God*	ⓝ신, 하느님	'갇
2	*evil*	ⓝ악	이'블
3	*ghost*	ⓝ유령	거우스ㅌ
4	*devil*	ⓝ악마	'데블
5	*heaven*	ⓝ천국, 낙원	헤'븐
6	*hell*	ⓝ지옥	'헬
7	*minister*	ⓝ목사, 장관	미니스터-
8	*priest*	ⓝ신부, 성직자	프뤼스ㅌ
9	*monk*	ⓝ수도승	멍ㅋ
10	*temple*	ⓝ절, 신전	'템플
11	*religious*	ⓐ종교의, 신앙심이 깊은	륄'리저ㅅ
12	*funeral*	ⓝ장례식	퓨네럴
13	*bless*	ⓥ축복하다	블레ㅅ
14	*pray*	ⓥ기도하다	프뤠이
15	*fault*	ⓝ잘못, 결함	''팔ㅌ
16	*angel*	ⓝ천사	에인졀
17	*paradise*	ⓝ낙원, 파라다이스	패러다이ㅅ
18	*death*	ⓝ죽음	데θ
19	*birth*	ⓝ탄생, 출생	'버θ
20	*pregnant*	ⓐ임신한	프뤠그넌ㅌ
21	*infant*	ⓝ유아	인'팬ㅌ
22	*toddler*	ⓝ걸음마를 배우는 아기	롸들러
23	*adolescent*	ⓝ청소년 ⓐ청소년기의	애덜레썬ㅌ
24	*teenager*	ⓝ청소년, 10대	'티네이져
25	*adult*	ⓝ성인	어덜ㅌ

DAY 45 and, or, but, so
지옥에 가거나 천국에 가거나.

등위 접속사를 통해서 단어와 단어, 구와 구, 절과 절을 연결할 수 있습니다.
오늘은 이렇게 나란히 대등한 관계로 이어주는 등위접속사들을 공부하도록 해요!

등위 접속사의 종류

접속사	뜻	특징
and	그리고	단어와 단어, 구와 구, 절과 절을 연결
or	또는	
but	그러나	절과 절만 연결
so	그래서	

- I need a notebook and a pen.
  나는 공책과 펜이 필요하다.

- I will buy books in the bookstore or on the street.
  나는 서점이나 길거리에서 책을 살 것이다.

- He needs a break, but he will go to work.
  그는 휴식이 필요하다. 하지만 일하러 갈 것이다.

- He needs a break, so he will stay home.
  그는 휴식이 필요하다. 그래서 그는 집에 있을 것이다.

다음 주어진 해석에 맞는 표현을 적으세요.

1. I may go to hell _____ heaven.

   (나는 아마도 지옥에 가거나 천국에 갈 것이다.)

2. A monk is in a temple _____ a minister is in a church.

   (승려는 사원에 있고, 목사는 교회에 있다.)

3. I want to go there _____ to enjoy the party.

   (나는 거기에 가서 파티를 즐기고 싶다.)

4. I tried to be a priest, _____ I became a dancer.

   (나는 신부가 되려고 했으나, 댄서가 되었다.)

다음 주어진 해석에 맞게 빈칸을 채우세요.

1. I need to stop _____ take a rest.

   (나는 멈추고 쉴 필요가 있다.)

2. I was born _____ grew up here.

   (나는 여기서 태어나고 자랐다.)

3. He died, _____ I went to his funeral.

   (그가 죽었다, 그래서 나는 그의 장례식에 갔다.)

4. He died _____ he went to hell.

   (그는 죽었고 지옥에 갔다.)

다음 주어진 한국말에 맞게 영작하세요.

1. 나는 햄버거와 콜라를 좋아한다.

→ _____

2. 나는 노래 부르는 것과 춤추는 것을 좋아한다.

→ _____

3. 어떤 색을 선호하세요, 검정색 또는 초록색?

→ _____

4. 나는 그녀와 사랑에 빠졌지만 그녀와 결혼하지는 않을 것이다.

→ I fell in love with her, _____

---- **Exercise 2-1** ----------------------------------

다음 주어진 한국말에 맞게 영작하세요.

1. 나는 그를 싫어하곤 했지만 지금은 그를 사랑한다.

→ I used to_____

2. 나는 그를 싫어하곤 했고 여전히 그를 싫어한다.

→ _____

3. 나는 그들을 만날 것이지만, 제안을 받아들이진 않을 것이다.

→ _____I won't accept their offer.

4. 그녀는 임산부이며 다음 주에 출산할 것이다.

→ _____she is expecting a baby next week.

목적어를 이끄는 that

Today Words

#			
1	*climb*	ⓥ오르다, 등반하다	'클라임
2	*catch*	ⓥ(붙)잡다, 이해하다	'캐취
3	*call*	ⓥ부르다, 전화하다 ⓝ부름, 전화	'ㅋ(ㄴ)알
4	*ride*	ⓥ(탈 것을) 타다	'라이ㄷ
5	*return*	ⓥ되돌아가다	뤼'터-언
6	*thank*	ⓥ감사하다	'ㅅ탱ㅋ
7	*pay*	ⓥ지불하다	'페이
8	*laugh*	ⓥ웃다 ⓝ웃음(소리)	'(을)래ㅍ
9	*waste*	ⓝ낭비, 폐기물 ⓥ낭비하다	'웨이ㅅㅌ
10	*think*	ⓥ생각하다	'ㅅ팅ㅋ
11	*understand*	ⓥ이해하다	,언더'ㅅ탠ㄷ
12	*believe*	ⓥ믿다	빌리'ㅂ
13	*deceive*	ⓥ속이다	디시'ㅂ
14	*act*	ⓥ행동하다 ⓝ행동, 행위	'액ㅌ
15	*strike*	ⓥ(세게) 치다	'ㅅㅌ롸이ㅋ
16	*kick*	ⓥ차다	'킥
17	*know*	ⓥ알다	'노ㅜ
18	*shut*	ⓥ닫다	'쉬엍
19	*sign*	ⓝ기호, 신호 ⓥ서명하다	'싸인
20	*tie*	ⓝ끈 ⓥ묶다	'타이
21	*welcome*	ⓥ환영하다, 맞이하다 ⓐ반기는	'웰컴
22	*perceive*	ⓥ인지하다	퍼'씨ㅂ
23	*acquire*	ⓥ획득하다, 얻다	어콰이어-
24	*show up*	ⓥ나타나다	'쇼우 엎
25	*abuse*	ⓥ남용하다 ⓝ남용, 학대	어뷰ㅅ

DAY 46 목적어를 이끄는 that

나는 그녀가 그와 헤어져야한다고 생각해.

that은 명사절을 이끌어 주어, 목적어, 보어 자리에 들어갈 수 있습니다.
하지만 목적어로 자주 쓰이니 우선 목적어역할 위주로 공부해보아요.

that절을 목적어로 하는 동사

hope, believe, know, think, remember, realize, say 등

★ 목적어를 이끄는 that은 생략이 가능하다.

- I think (that) she should break up with him.
  나는 그녀가 그와 헤어져야한다고 생각한다.

- I hope (that) I can apply for the position.
  나는 내가 그 자리에 지원할 수 있기를 희망해.

- You said (that) I could apply for the position.
  당신은 내가 그 지라에 지원할 수 있다고 말했다.

- I remember (that) she gave up easily.
  나는 그녀가 쉽게 포기한 것을 기억한다.

- She thinks (that) he should change the flight time.
  그녀는 그가 비행시간을 바꿔야한다고 생각한다.

다음 주어진 한국말에 맞게 빈칸을 채우세요. (시제유의)

1. 나는 그가 공을 잡았다는 것을 안다.

→ _____ he caught the ball.

2. 그녀는 그가 그녀에게 돌아올 것이라고 믿는다.

→ _____ he will come back to her.

3. 나는 이 드레스가 나에게 정말 잘 어울린다고 생각한다.

→ _____ this dress looks great on me.

4. 나는 그녀가 그를 비웃을 것이라고 생각하지 않는다.

→ _____ she will laugh at him.

5. 그들은 그가 항상 옳은 일만을 한다고 말한다.

→ _____ he always does the right things.

6. 나는 나의 소중한 시간을 낭비했던 것을 후회한다.

→ _____ I wasted my precious time.

7. 그는 그녀가 그를 도왔다는 것을 깨닫지 못했다.

→ _____ she gave him a hand.

다음 주어진 문장의 시제에 유의하며 영작하세요.

1. 나는 그녀가 예뻤다는 것을 기억한다.

   → _____.

2. 그녀는 그가 정직하다는 것을 안다.

   → _____.

3. 그들은 그가 거짓말쟁이라고 생각한다.

   → _____.

4. 우리는 그녀가 내년에 우리를 만날 것이라고 믿는다.

   → _____next year.

5. 나는 그가 오토바이 타는 것을 이해한다.

   → _____.

6. 나는 우리가 함께 춤을 췄던 것을 기억하지 못한다.

   → _____.

7. 나는 그녀가 필요하다는 것을 깨달았다.

   → _____.

접속사 because와 when

Today Words

1	*military*	ⓝ군대 ⓐ군사의	밀리테뤼
2	*soldier*	ⓝ군인	소울져
3	*army*	ⓝ육군, 군대	'아미
4	*navy*	ⓝ해군, 짙은 남색	'네이'비
5	*air force*	ⓝ공군	'에어 "풔ㅅ
6	*weapon*	ⓝ무기	웨폰
7	*enemy*	ⓝ적	에너미
8	*attack*	ⓝ공격, 공격하다	어택
9	*defend*	ⓝ방어하다	디"펜ㄷ
10	*independence*	ⓝ독립	인디'펜던ㅅ
11	*battle*	ⓝ전투, 전쟁	배틀
12	*victory*	ⓝ승리, 정복	빅터뤼
13	*defeat*	ⓥ패배시키다, 이기다 ⓝ패배	디'핕
14	*bomb*	ⓝ폭탄	밤-
15	*injury*	ⓝ부상, 상처, 피해	'인져뤼
16	*terrorist*	ⓝ테러범, 테러리스트	'테뤄뤼스ㅌ
17	*surrender*	ⓥ항복하다 ⓝ항복	서뤤더
18	*east*	ⓝ동쪽 ⓐ동쪽의	'이ㅅㅌ
19	*south*	ⓝ남쪽 ⓐ남쪽의	'사ㅜㅅㅌ
20	*west*	ⓝ서쪽 ⓐ서쪽의	'웨ㅅㅌ
21	*north*	ⓝ북쪽 ⓐ북쪽의	'ㄴ(ㅗ)ㅓ-ㅅㅌ
22	*by mistake*	ⓐ실수로	바이 미'ㅅ테잌
23	*on purpose*	ⓐ일부러, 고의로	안 '풔퍼ㅅ
24	*absolutely*	ⓐ절대적으로 (말)물론이지	앱썰'루틀리
25	*voluntarily*	ⓐ자발적으로	발런'테륄리

DAY 47 접속사 because와 when
내가 그를 봤을 때, 그는 나에게 미소지었다.

when과 같이 시간을 나타내거나, because 같이 이유를 나타내는 접속사를 부사절 접속사라고 합니다. 부사절 접속사는 많지만 오늘은 이 두 개부터 확실히 이해해봐요.

because: '왜냐하면'으로 해석, because 뒤에 원인을 나타내는 절이 옴

- He can't meet her because she is very busy.
  그녀는 너무 바쁘기 때문에 그는 그녀를 만날 수 없다.

- She prays all the time because she is a very religious person.
  그녀는 매우 종교적인 사람이기 때문에 그녀는 항상 기도한다.

- He joined the army instead of the navy because he can't swim.
  그는 수영을 못하기 때문에 해군대신 육군에 입대했다.

when: '~할 때'로 해석

- When terrorists surrendered, our military stopped attacks.
  테러리스트들이 항복했을 때, 우리 군대는 공격을 멈췄다.

- He didn't use a weapon when he met an enemy.
  그는 적을 만났을 때, 무기를 사용하지 않았다.

다음 주어진 해석에 맞는 접속사를 적으세요.

1. She was hurry (   ) she should drop by the bank.

   (그녀는 은행에 들려야했기 때문에 서둘렀다.)

2. (   ) I was alone, she was not there.

   (내가 혼자였을 때, 그녀는 거기에 없었다.)

3. I went outside (   ) I wanted to build a snowman.

   (나는 눈사람을 만들고 싶었기 때문에 밖에 나갔다.)

4. (   ) I saw him, he was screaming.

   (내가 그를 봤을 때, 그는 소리 지르고 있었다.)

다음 주어진 해석에 맞는 접속사를 적으세요.

1. (   ) I arrived, they were preparing dinner.

   (내가 도착했을 때, 그들은 저녁 준비를 하고 있었다.)

2. I need a pen (   ) I should fill out this form.

   (나는 이 서류를 작성해야하기 때문에 펜이 필요하다.)

3. (   ) he called me, I was on my way.

   (그가 나에게 전화했을 때, 나는 가고 있었다.)

4. I will get a refund (   ) the product is faulty.

   (그 물건은 결함이 있기 때문에 나는 환불을 받을 것이다.)

---- **Exercise 2** --------------------------------

다음 주어진 한국말에 맞게 영작하세요.

1. 네가 혼자였을 때, 나는 거기에 없었다.

   → _____.

2. 그녀는 그를 만나고 싶었기 때문에 밖에 나갔다.

   → _____.

3. 그녀는 매우 바쁘기 때문에 그는 그녀를 만날 수 없다.

   → _____.

4. 우리는 병원에 가야했기 때문에 서둘렀다.

   → _____.

5. 내가 그녀를 봤을 때, 그녀는 울고 있었다.

   → _____.

6. 그녀가 도착했을 때, 우리는 점심을 먹고 있었다.

   → _____.

7. 너는 감기에 걸렸기 때문에 쉬어야한다.

   → _____.

48 비교급과 최상급 만들기

Today Words

1	*publish*	ⓥ출판하다	퍼블리쉬
2	*interview*	ⓝ인터뷰, 면접	인터뷰
3	*reporter*	ⓝ기자, 리포터	뤼'풔터
4	*anchor*	ⓝ앵커, 닻 ⓥ정박하다	앵커
5	*producer*	ⓝ생산자, 프로듀서	프뤄'듀서
6	*journalism*	ⓝ언론(계)	'줘널리즘
7	*broadcast*	ⓝ방송 ⓥ방송하다	브뤄드캐스ㅌ
8	*violence*	ⓝ폭력, 격렬함	바이얼런ㅅ
9	*theft*	ⓝ절도	θ이'프ㅌ
10	*criminal*	ⓝ범죄자 ⓐ범법적인	'크뤼미늘
11	*suspect*	ⓝ용의자 ⓥ의심하다	서스펙ㅌ
12	*robber*	ⓝ강도	'롸버
13	*thief*	ⓝ도둑	'ㅅ티'ㅍ
14	*pickpocket*	ⓝ소매치기 ⓥ소매치기하다	'픽파켙
15	*suicide*	ⓝ자살 ⓥ자살하다	수이싸이ㄷ
16	*murder*	ⓝ살인 ⓥ살인하다	머-더
17	*arson*	ⓝ방화	아슨
18	*fraud*	ⓝ사기(꾼)	프뤄ㄷ
19	*kidnap*	ⓥ납치하다, 유괴하다	'키드냅
20	*arrest*	ⓥ체포하다	어뤠스ㅌ
21	*evidence*	ⓝ증거	에'베던ㅅ
22	*fact*	ⓝ사실	"팩ㅌ
23	*drug*	ⓝ약(물), 마약	드뤄ㄱ
24	*prison*	ⓝ교도소	프리즌
25	*jail*	ⓝ구치소	쟤일

DAY 48 비교급과 최상급 만들

그게 더 비싸고 제일 맛있어.

비교급과 최상급은 형용사나 부사로 만들 수 있는데 동사처럼 규칙, 불규칙 변화가 있으
잘 알아보도록 해요.

비교급과 최상급 규칙 변화

	형용사 /부사	비교급	최상급
1음절: -er, -est *-e로 끝나는 단어: -r, -st	smart	smarter	smartest
	young	younger	youngest
	wise	wiser	wisest
<단모음+자음>으로 끝나는 단어: 자음을 한 번 더 쓰고 -er, -est	big	bigger	biggest
	sad	sadder	saddest
	hot	hotter	hottest
<자음+y>로 끝나는 단어: -y → -ier, iest	pretty	prettier	prettiest
	happy	happier	happiest
3음절 이상이거나 -ful, -ous, -ing,-ish 등으로 끝나는 단어: 앞에 more, most를 붙인다.	careful	more careful	most careful
	famous	more famous	most famous
	surprising	more surprising	most surprising

비교급과 최상급 불규칙 변화

형용사 /부사	비교급	의미	최상급	의미
good /well	better	더 좋은	best	최고의
ill /bad	worse	더 나쁜	worst	최악의
many /much	more	더	most	가장, 최대의
little	less	덜	least	가장 적은, 최소의

196

다음 주어진 단어의 비교급과 최상급을 만드세요.

1. wise   _____   _____

2. hot   _____   _____

3. young   _____   _____

4. bad   _____   _____

5. little   _____   _____

---- **Exercise 1-1** ---------------------------------

다음 주어진 단어의 비교급과 최상급을 만드세요.

1. famous   _____   _____

2. smart   _____   _____

3. big   _____   _____

4. good   _____   _____

5. many   _____   _____

다음 주어진 단어의 비교급과 최상급을 만드세요.

1. pretty   _____   _____

2. little   _____   _____

3. bad   _____   _____

4. good   _____   _____

5. surprising   _____   _____

---- **Exercise 1-3** ---------------------------------

다음 주어진 단어의 비교급과 최상급을 만드세요.

1. sad   _____   _____

2. many   _____   _____

3. bad   _____   _____

4. good   _____   _____

5. careful   _____   _____

비교급과 최상급

Today Words

1	*disaster*	ⓝ참사, 재난	디재스터-
2	*earthquake*	ⓝ지진	어-θ퀘익
3	*aftershock*	ⓝ여진 *지진이 난 후의 추가 지진	'애'ㅍ터셕
4	*fire*	ⓝ불, 화재	''파이ㅓ-
5	*flood*	ⓝ홍수, 쇄도 ⓥ물에 잠기게 하다	플루ㄷ
6	*landslide*	ⓝ산사태	'(을)랜ㄷ슬라이ㄷ
7	*drought*	ⓝ가뭄	드롸우ㅌ
8	*car accident*	ⓝ차 사고	'카 '엑서던ㅌ
9	*burn*	ⓥ(불)타다	'버ㅓ-ㄴ
10	*drown*	ⓥ익사하다[시키다]	드뤄운
11	*explode*	ⓥ폭발하다[시키다]	익스플로우ㄷ
12	*danger*	ⓝ위험	'데인져-
13	*typhoon*	ⓝ태풍	타이''푼
14	*thunderstorm*	ⓝ폭풍우	'θ언더스튐
15	*war*	ⓝ전쟁	'우(ㅗ)ㅓ-
16	*peace*	ⓝ평화, 고요	'피ㅅ
17	*the North Pole*	ⓝ북극	ㄷ허 '너ㅅㅌ 풔울
18	*the South Pole*	ⓝ남극	ㄷ어 '싸우ㅅㅌ 포울
19	*the Atlantic*	ⓝ대서양	ㄷ히 어'틀랜틱
20	*the Pacific*	ⓝ태평양	ㄷ허 퍼'씨'픽
21	*planet*	ⓝ행성	플래닡
22	*earth*	ⓝ지구, 땅	'얼-ㅅㅌ
23	*gas*	ⓝ기체, 가스	'개ㅅ
24	*liquid*	ⓝ액체	'리퀴ㄷ
25	*solid*	ⓝ고체	'쌀:리ㄷ

DAY 49 비교급과 최상급

그녀는 그녀의 집안에서 가장 예뻐.

전 시간에 비교급과 최상급 만드는 방법을 배웠으니 이것을 이용해서
어떻게 문장을 만드는지도 공부해보도록 해요.

형용사/부사의 비교급 + than

: ~보다 더 ~하다'

- Daegu is hotter than Seoul in Summer.
  대구는 여름에 서울보다 더 덥다.

- She is more polite than her brother.
  그녀는 그녀의 남자형제보다 더 공손하다.

the 형용사/부사의 최상급 (+명사) +전치사구

: ~에서 가장~한(하게)

- Jeju Island is the hottest in summer in Korea.
  제주도는 여름에 한국에서 제일 덥다.

- She is the most polite in her family.
  그녀는 그녀의 가족 중에서 가장 공손하다.

다음 주어진 문장에서 문법적으로 틀린 부분을 찾아 고치세요.

1. Today is more hot than yesterday.

2. Violence may be more worse than theft.

3. She is prettier in the school.

4. He contacts me more often before.

5. The car accident was seriouser than I imagined.

6. The flood is the worst than disaster ever.

7. This tool is more useful that tool.

8. The earth is more bigger than the moon.

9. I live with the most biggest dog in the world.

10. Joe is most famous than Nate.

다음 주어진 문장에서 문법적으로 틀린 부분을 찾아 고치세요.

1. The education is more important thing in the world.

2. The book is most boring book I have ever read.

3. An ostrich is the most largest bird in the world.

4. The earth is more beautiful planet in the universe.

5. A duck is usually the bigger than a chicken.

6. A whale is the largest animals in the world.

7. He is one of richest people in the world.

8. Mt. Halla is the most highest mountain in Korea.

9. A car is fastest than a bicycle.

10. Health is the more important than Wealth.

부가 의문문

Today Words

1	*pale*	ⓐ창백한, 연한, 허약한	페일
2	*dizzy*	ⓐ어지러운, 현기증 나는	디지
3	*fever*	ⓝ열, 열기, 열광	피버-
4	*chill*	ⓝ냉기, 오한 ⓐ추운 ⓥ차갑게 하다	'칠
5	*have a cold*	ⓥ감기에 걸리다	헤'ㅂ 어 코울ㄷ
6	*stomachache*	ⓝ복통	스터머케일
7	*headache*	ⓝ두통	'헤데일
8	*toothache*	ⓝ치통	'투θ에일
9	*bruise*	ⓝ멍, 타박상	브루ㅈ
10	*sprain*	ⓥ삐다, 접지르다	스프뤠인
11	*cramp*	ⓝ쥐 ⓥ쥐가 나다	크램ㅍ
12	*rash*	ⓝ두드러기	래싀
13	*bite*	ⓥ물다 ⓝ한 입	바잍
14	*food poisoning*	ⓝ식중독	"푸ㄷ '풔이즈닝
15	*insomnia*	ⓝ불면증	인썸니아
16	*indigestion*	ⓝ소화불량	인디'졔스쳔
17	*hive*	ⓝ두드러기	'하이'ㅂ
18	*motion sickness*	ⓝ멀미	'모우션 '씨ㅋ니ㅅ
19	*seasickness*	ⓝ뱃멀미	'씨씨ㅋ니ㅅ
20	*carsickness*	ⓝ차 멀미	'카씨ㅋ니ㅅ
21	*allergy*	ⓝ알레르기	'앨러직
22	*symptom*	ⓝ증상	심프텀
23	*diagnose*	ⓥ진단하다	'다이그노우ㅈ
24	*prescription*	ⓝ처방전	프뤼'ㅅㅋ륖션
25	*take a medicine*	ⓥ약을 먹다	'테일 어 '메디슨

DAY 50 부가 의문문
너는 그를 좋아하잖아, 그렇지 않니?

부가 의문문을 배워 한번 쯤은 답정녀가 되어 볼까요...?

긍정문, 부정형 부가의문문: 그렇지 않니?
: 부정문, be/do/조동사의 부정 축약형 + 주어(대명사)?

- She is intelligent, isn't she? 그녀는 똑똑해, 그렇지 않니?
    - Yes, she is. 응, 똑똑해.
    - No, she isn't. 아니, 안 똑똑해.

- She can help him, can't she? 그녀는 그를 도울 수 있어, 그렇지 않니?
    - Yes, she can. 응, 도울 수 있어.
    - No, she can't. 아니, 도울 수 없어.

부정문, 긍정형 부가의문문: 그렇지?
: 긍정문, be/do/조동사의 긍정형 + 주어(대명사)?

- She doesn't have a cat, does she? 그녀는 고양이를 가지고 있지 않아, 그렇지
    - Yes, she does. 아니, 가지고 있어.
    - No, she doesn't. 응, 안 가지고 있어.

- She didn't have much money, did she? 그녀는 많은 돈이 없었어, 그렇지
    - Yes, she did. 아니, 있었어.
    - No, she didn't. 응, 없었어.

- He can't dance, can he? 그는 춤을 못 춰, 그렇지?
    - Yes, he can. 아니, 춰.
    - No, he can't. 응, 못 춰.

다음 빈칸을 채워 부가의문문을 완성하세요.

1. You feel dizzy, (   ) (   )?

2. She had a cold, (   ) (   )?

3. He is allergic to animal hair, (   ) (   )?

4. She had rashes all over her body, (   ) (   )?

5. I will have a toothache, (   ) (   )?

6. You don't have insomnia, (   ) (   )?

7. They had food posisoning, (   ) (   )?

8. It should be indigestion, (   ) (   )?

9. You got a fever last night, (   ) (   )?

10. The rabbit is so adorable, (   ) (   )?

다음 빈칸을 채워 부가의문문을 완성하세요.

1. Tom will be a great poet, (   ) (   )?

2. She looks blue, (   ) (   )?

3. We can do it well, (   ) (   )?

4. You don't feel comfortable, (   ) (   )?

5. She can make a reservation, (   ) (   )?

6. She has an allergy to cosmetics, (   ) (   )?

7. We don't have to be kind to them, (   ) (   )?

8. The bag is expensive, (   ) (   )?

9. She has to go there at 4 o'clock, (   ) (   )?

10. He doesn't want to stay, (   ) (   )?

51 감탄문

Today Words

#			
1	amusement park	ⓝ놀이동산	어'뮤ㅈ먼ㅌ '파ㅋ
2	sightseeing	ⓝ관광	'싸이ㅌ'씨잉
3	art gallery	ⓝ미술관	'아ㅌ '갤러뤼
4	painting	ⓝ그림(그리기), 채색	'페인팅
5	statue	ⓝ조각상	스태츄
6	museum	ⓝ박물관	뮤지엄
7	aquarium	ⓝ수족관	아쿠아리엄
8	memorial	ⓝ기념비	메'뭐뤼얼
9	zoo	ⓝ동물원	'즈우
10	botanical garden	ⓝ식물원	보'태니클 '가든
11	visitor	ⓝ방문객, 손님	"비ㅈ이터
12	exhibition	ⓝ전시회	엑서'비션
13	festival	ⓝ축제, 행사	페스티벌
14	cable car	ⓝ케이블카	'케이블 '카
15	double-decker bus	ⓝ2층 버스	더블 '데커 '버ㅅ
16	vacation	ⓝ휴가	베'케이쉬언
17	trip	ⓝ여행	'트륍
18	camp	ⓝ야영지, 캠프, 진영	'캠ㅍ
19	picnic	ⓝ소풍, 피크닉	'픽,닉
20	bench	ⓝ긴 의자, 벤치	'벤치
21	basket	ⓝ바구니, 바스켓	'배ㅅ킽
22	ticket	ⓝ표, 티켓	'티킽
23	map	ⓝ지도	'맾
24	passport	ⓝ여권	'패스풔ㅌ
25	address	ⓝ주소, 연설 ⓥ연설하다	'애,ㄷ뤠ㅅ

DAY 51 감탄문

정말 예쁜 눈을 가졌구나!

오늘은 감탄문을 만드는 두 가지 방법을 배워보도록 해요.

What + a + 형용사 + 명사 (+ 주어 + 동사)!

- What a kind boy (he is)!
  그는 정말 친절한 소년이구나!

- What beautiful eyes (you have)!
  너는 정말 아름다운 눈을 가졌구나!

How + 형용사/부사 (+ 주어 + 동사)!

- How brave you are!
  너는 정말 용감하구나!

- How bravely you did it!
  너는 정말 용감하게 그것을 했구나!

다음 주어진 문장에서 잘못된 부분을 고쳐 문장을 다시 쓰세요.

1. How a considerate the boy is!

   → _____

2. What beautiful eyes have you!

   → _____

3. How bravely he is!

   → _____

4. What a fast cars it is!

   → _____

5. What funny he is!

   → _____

6. What a delicous food they are!

   → _____

다음 주어진 한국말에 맞게 영작하세요.

1. 그녀는 얼마나 슬픈가!

→ How_____.

2. 이것은 얼마나 멋진 방인가!

→ What _____.

3. 당신은 얼마나 자랑스러운 아들을 가졌는가!

→ What _____.

4. 이것은 얼마나 신선한 과일인가!

→ What _____.

5. 그들은 얼마나 똑똑한 학생들인가!

→ What _____.

6. 나는 얼마나 행복한가!

→ How_____.

52 감정 표현하기

Today Words

1	surprise	ⓥ놀라게 하다	서-프롸이ㅈ
2	astonish	ⓥ깜짝 놀라게 하다	어스타니싀
3	shock	ⓥ충격을 주다	샥
4	please	ⓥ기쁘게 하다	플리ㅈ
5	delight	ⓥ기쁘게 하다	딜라이ㅌ
6	amuse	ⓥ즐겁게 하다	어뮤ㅈ
7	confuse	ⓥ혼란스럽게 하다	컨'퓨ㅈ
8	embarrass	ⓥ당황스럽게 하다	임'베뤄ㅅ
9	ashamed	ⓐ부끄러운, 수치스러운 *동사형 없음	어'셰임ㄷ
10	tire	ⓥ피곤하게 하다	타이어
11	exhaust	ⓥ완전 지쳐버리게 만들다	익저스ㅌ
12	touch	ⓥ감동시키다, 만지다 ⓝ만짐, 촉감	'터치
13	move	ⓥ감동시키다, 이동하다, 이사하다	'무'ㅂ
14	tease	ⓥ괴롭히다	티ㅈ
15	bother	ⓥ괴롭히다, 귀찮게 하다	바ð어
16	annoy	ⓥ짜증나게 하다	어노이
17	irritate	ⓥ짜증나게 하다	이뤄테이ㅌ
18	frustrate	ⓥ좌절시키다	프뤄스트뤠잍
19	disgust	ⓥ구역질나게 하다	디스거스ㅌ
20	predict	ⓥ예측하다, 예언하다	프리딬ㅌ
21	worry	ⓥ걱정하게 하다	워뤼
22	bore	ⓥ지루하게 하다	'붜어
23	excite	ⓥ신나게 하다	잌싸잍
24	satisfy	ⓥ만족시키다	새티스'파이
25	interest	ⓥ관심을 끌다 ⓝ관심, 흥미	인트레스ㅌ

DAY 52 감정 표현하기

너 때문에 화났지 괜히 났겠니?

동사의 과거완료형(p.p.)이나 ing를 붙인 형태는 동사가 아닌 형용사로 사용됩니다. 감정이라는 것은 외부에 의해 좌우되기 때문에 수동형을 씁니다.

동사로 형용사 만들기

형태	특징	역할
동사의 과거완료형(p.p.)	수동	형용사
동사ing	능동	

- I annoyed her.
  나는 그녀를 짜증나게 했다. (동사)

- She is annoyed.
  그녀는 짜증이 났다. (수동(감정)_형용사)

- She is annoying.
  그녀는 짜증나는 여자다. (능동_형용사)

- She is sad.
  그녀는 슬프다. (일반 형용사)

- 감정의 원인은 뒤에 to부정사 또는 that절로 나타낼 수 있습니다.

- I'm pleased to go out with her.
  나는 그녀와 함께 외출해서 기쁘다.

- She was annoyed that he teased her.
  그녀는 그가 괴롭혀서 짜증이 났다.

다음 해석에 맞는 표현을 주어진 단어를 활용하여 적으세요.

1. She _____ _____ that they ignored her. (annoy)

   (그녀는 그들이 그녀를 무시해서 짜증났었다.)

2. He _____ _____ to fail the test. (frustrate)

   (그는 시험에서 떨어져서 좌절했다.)

3. They _____ _____ _____ someone gave them

   some bread. (move)

   (그들은 누군가가 그들에게 빵을 줘서 감동받았다.)

4. I _____ _____ _____ see ghosts. (astonish)

   (나는 유령들을 봐서 깜짝 놀랐었다.)

다음 해석에 맞는 표현을 주어진 단어를 활용하여 적으세요.

1. I'm so _____ _____ go to the amusement park. (excite)

   (나는 놀이동산 가는 것에 너무 신이 난다.)

2. I'm _____ _____ _____ have a son like you. (proud)

   (나는 너와 같은 아들을 둬서 너무 자랑스럽다.)

3. I'm _____ _____ they will not recognize me. (worry)

   (나는 그들이 나를 알아볼까봐 걱정된다.)

4. I was _____ _____ my dog was safe. (relieve)

   (나는 내 개가 안전하다는 것에 안심했다.)

213

다음 주어진 한국말에 맞게 영작하세요. (현재시제로)

1. 나는 쇼핑하러 가는 것에 너무 신이 난다.

   → _____.

2. 나는 너와 같은 딸을 둬서 너무 자랑스럽다.

   → _____.

3. 나는 우리 집에 원숭이를 봐서 혼란스럽다.

   → _____.

4. 우리는 그를 다시 만나서 기쁘다.

   → _____.

5. 그는 시험에서 떨어져서 좌절했다.

   → _____.

6. 그는 그녀가 그에게 키스를 해줘서 감동받았다.

   → _____.

7. 나는 그가 우는 것을 봐서 깜짝 놀랐었다.

   → _____.

타보름
매일
기초영어

정답 및 해설

※정답 및 해설은 타보름 카페에서 다운받으실 수도 있습니다.

DAY 1 명사와 동사
p7
Exercise 1)
1. 친구_명사 2. 나이, 시대_명사 3. 만나다_동사 4. 사용하다_동사 5. 버스_명사 6. 아들_명사 7. 일하다, 일_명사 또는 동사 8. 생일_명사 9. 도움, 돕다_명사 또는 동사 10. 오다_동사

Exercise 1-1)
1. 남자형제_명사 2. 공부, 공부하다_명사 또는 동사 3. 어머니_명사 4. 좋아하다_동사 5. 먹다_동사 6. 남자, 사람_명사 7. 가다_동사 8. 것, 사물_명사 9. 돈_명사 10. 박스_명사

DAY 2 명사 주의사항
p11
Exercise 1)
1. a_딸 2. x_물 3. x_돈 4. x_소금 5. x_빵 6. a_지붕 7. a_소년 8. a_발 9. a_아기 10. a_감자

Exercise 1-1)
1. a_남자, 사람 2. a_남자형제 3. an_오렌지 4. a_이, 치아 5. a_늑대 6. a_하루, 낮 7. a_박스 8. an_달걀 9. x_일 10. a_길, 방법

Exercise 2)
1. daughters 2. x 3. x 4. x 5. x 6. roofs 7. boys 8. feet 9. babies 10. potatoes

Exercise 2-1)
1. men 2. brothers 3. oranges 4. teeth 5. wolves 6. days 7. boxes 8. eggs 9. apples 10. ways

DAY 3 인칭 대명사(상)
p15
Exercise 1)
1. He 2. They 3. She 4. I 5. We 6. You

Exercise 1-1)
1. You 2. It 3. They 4. She 5. I 6. We

Exercise 2)
1. Her 2. Our 3. My 4. Their 5. His 6. Your

Exercise 2-1)
1. Your 2. Its 3. Our 4. His 4. My 6. Her

DAY 4 형용사(상)
p19
Exercise 1)
1. poor 2. healthy 3. great 4. new 5. happy 6. rich

Exercise 1-1)
1. sick 2. fat 3. sad 4. famous 5. young 6. heavy

Exercise 2)
1. sick girl 2. big frog 3. heavy cat 4. new computer 5. happy birthday 6. sad boy

Exercise 2-1)
1. rich man 2. young mother 3. new tooth 4. famous tiger 5. true love 6. fat frog

DAY 5 형용사(하)
p23
Exercise 1)
1. many 2. much 3. few 4. any 5. some 6. little

Exercise 1-1)
1. a few 2. much 3. few 4. a little 5. little 6. some

Exercise 1-2)
1. few 2. much 3. some 4. many 5. some 6. a few

Exercise 1-3)
1. many 2. some 3. many 4. a few 5. little 6. much

DAY 6 be동사의 현재형

p27

Exercise 1)
1. I'm a lawyer. (나는 변호사이다.)
2. They're poor. (그들은 가난하다.)
3. He's short. (그는 키가 작다.)
4. We're a family. (우리는 가족이다.)
5. You're happy. (우리는 행복하다.)
6. She's stupid. (그녀는 어리석다.)
7. It's heavy. ((이것은) 무겁다.)

Exercise 2)
1. is (그녀는 젊다 혹은 어리다.)
2. am (나는 요리사이다.)
3. are (그들은 나의 여자형제들이다.)
4. is (그는 바쁘다.)
5. are (너는 호기심이 많다.)
6. is ((이것은) 크다.)
7. are (우리는 약하다.)

Exercise 2-1)
1. are (나의 남자형제들은 파일럿이다.)
2. is (그녀는 부자이다.)
3. am (나는 화난다.)
4. are (우리는 친구이다.)
5. are (너는 아름답다.)
6. is (그는 키가 크다.)
7. is (켈리는 치과의사이다.)

Exercise 2-2)
1. am (나는 강하다.)
2. is (데이비드는 잘생겼다.)
3. are (그와 나는 뚱뚱하다.)
4. are (그들은 선생님이다.)
5. is (그의 아들은 슬프다.)
6. are (그 토마토들은 크다.)
7. are (너희들은 간호사이다.)

DAY 7 be동사의 과거형

p31

Exercise 1)
1. was (그 색은 베이지색이었다.)
2. was (그녀의 머리는 갈색이었다.)
3. was (나는 관대했다.)
4. were (우리는 달랐다.)
5. were (그 개구리들은 녹색이었다.)
6. was (그는 키가 작았었다.)
7. was (폴은 변호사였다.)

Exercise 1-1)
1. was (방은 어두웠다.)
2. was (데이비드는 못생겼다.)
3. were (그와 나는 날씬했다.)
4. was (린다는 수줍음이 많았다.)
5. was (너의 딸은 똑똑했다.)
6. were (집들은 하늘색이었다.)
7. was (그 요리사는 사려깊었다.)

Exercise 2) (예시 답안입니다.)
1. The apple is red.
2. He is selfish.
3. They are busy.
4. The box was empty.
5. She was fat.
6. Her son is honest.
7. His chickens are smart.

Exercise 2-1) (예시 답안입니다.)
1. The artist is honest.
2. The boy was calm.
3. His father is rich.
4. We were wrong.
5. They are brave.
6. You were stupid.
7. His teeth are white.

DAY 8 be동사의 부정문과 의문문

p35

Exercise 1)
1. Is he afraid? /He is not(isn't) afraid.
2. Are they brave? /They are not(aren't) brave.
3. Are you wrong? /You are not(aren't) wrong.
4. Are we sure? /We are not(aren't) sure.
5. Was she funny? /She was not(wasn't) funny.
6. Is Brian shy? /Brian is not(isn't) shy.
7. Am I late? /I am not late.

Exercise 1-1)
1. Is it brown? /It is not(isn't) brown.
2. Was the teacher strict? /The teacher was not(wasn't) strict.
3. Are you safe? /You are not(aren't) safe.
4. Is your sister outgoing? /Your sister is not(isn't) outgoing.
5. Were they ready? /They were not(weren't) ready.
6. Was the house pink? /The house was not(wasn't) pink.
7. Are his eyes light gray? /His eyes are not(aren't) light gray.

DAY 9 일반동사의 3인칭 단수 현재형
p39
Exercise 1)
1. goes 2. dances 3. sleeps 4. lives 5. falls 6. walks

Exercise 1-1)
1. shines 2. appears 3. dies 4. exists 5. jumps 6. opens

Exercise 2)
1. runs. 2. walks. 3. drives. 4. dances. 5. works. 6. lies.

Exercise 2-1)
1. cries. 2. falls. 3. screams. 4. appears. 5. drinks. 6. swims.

DAY 10 문장의 1형식과 2형식
p43
Exercise 1)
1. (2형식) 돼지가 뚱뚱하다.
2. (1형식) 태양이 빛난다.
3. (1형식) 뚱뚱한 돼지가 나타난다.
4. (2형식) 돼지가 뚱뚱해보인다.
5. (2형식) 계획이 대단하게 들린다.
6. (1형식) 예쁜 사슴이 수영한다.
7. (2형식) 달걀이 나쁜 냄새가 난다.
8. (2형식) 소녀는 똑똑해보인다.

9. (1형식) 똑똑한 소녀는 거짓말을 한다.
10. (2형식) 그녀는 바쁜 것처럼 보인다.

Exercise 2)
1. He runs.
2. He walks.
3. She drives.
4. She dances.

Exercise 3) (예시 답안입니다.)
1. He is strong.
2. He seems(looks, appears) strong.
3. The(An) orange smells good.
4. The professor seems(looks, appears) young.

DAY 11 부사
p47
Exercise 1)
1. now 2. today 3. early 4. together 5. well 6. alone 7. every day 8. very 9. really 10. here

Exercise 2) (예시 답안입니다.)
1. We dance together.
2. He comes every day.
3. They are very sad.
4. The(A) rabbit jumps well.
5. I am really tired.
6. Kate works hard.

Exercise 2-1) (예시 답안입니다.)
1. She travels alone.
2. You go early.
3. I run happily.
4. He is happy now.
5. We swim every day.
6. He sleeps very well.

DAY 12 관사 이해하기
p51
Exercise 1)
1. 가수는 노래를 잘 부른다.
*가수라는 직업을 가진 사람들은 노래를 잘

부른다는 의미일 수도 있고 불특정한 한 명의
가수가 노래를 잘 부른다는 의미일 수도 있다.
. 그 가수는 노래를 잘 부른다.
3. 모델은 키가 크다.
4. 그 모델은 키가 크다.
5. 모델들은 키가 크다.
3번과 동일한 의미를 가질 수도 있다. 모델이라는
직업을 가진 사람들은 키가 크다는 뜻.
6. 그 모델들은 키가 크다.

Exercise 1-1)
1. 나는 빵을 좋아한다.
2. 나는 그 소녀를 좋아한다.
3. 나는 한 소녀를 좋아한다.
4. 나는 오렌지를 좋아한다. (=I like oranges.)
5. 그 근로자는 열심히 일한다.
6. 그 근로자들은 매일 일한다.

Exercise 2)
1. Doctors are kind.
2. The doctor is kind.
3. An apple is red.
4. The apple is red.

Exercise 2-1)
1. He is a pilot.
2. The girl dances well.
3. A bird flies.
4. The bird flies high.

DAY 13   전치사(상)
p55
Exercise 1)
1. in 2. on 3. from 4. without 5. in 6. with 7. before 8. about

Exercise 1-1)
1. with 2. for 3. from, to 4. in 5. about 6. in 7. on 8. after

DAY 14   전치사(하)
p59
Exercise 1)
1. on Tuesday 2. at 10:30 3. in summer 4. at noon 5. in the morning 6. on the weekends 7. in March

Exercise 1-1)
1. at night 2. on Sunday 3. at the end of this year 4. in May 5. in 1923 6. in winter 7. in the 21st century

DAY 15   비인칭 it
p63
Exercise 1)
1. It's Wednesday.
2. It's winter.
3. It's dark.
4. It's cool.
5. It's sunny.
6. It's bright.
7. It's cloudy.
8. It's 4 (o'clock).
9. It's cold.
10. It's warm.

Exercise 1-1)
1. It was Tuesday yesterday.
2. It's summer in Korea.
3. It's bright here.
4. It was dark in the room.
5. It's 7 (o'clock) now.
6. It's hot in Seoul.
7. It's cool at night.
8. It's 3km to (the) church.
9. It was cold yesterday.
10. It's warm today.

DAY 16   this, that(상)

p67

Exercise 1)
1. That is a peach.
2. This is a carrot.
3. That is an onion.
4. This is a tomato.
5. That is a strawberry.
6. This is a pumpkin.
7. That is a kiwi.
8. This is a lemon.
9. That is a garlic.
10. This is a sweet potato.

Exercise 1-1)
1. This lemon is yellow.
2. That onion is small.
3. This sweet potato is big.
4. This fruit is green.
5. This pineapple is sweet.
6. That grape is purple.
7. This banana is long.
8. That strawberry is red.
9. This pumpkin is big.
10. That melon is hard.

DAY 17   this, that(하)

p71

Exercise 1)
1. This is (이것은 너의 블라우스이다.)
2. Those are (저것(들)은 나의 부츠이다.)
3. This is (이것은 그녀의 치마이다.)
4. These are (이것(들)은 나의 신발이다.)
5. Those are (저것(들)은 그의 반바지이다.)

Exercise 1-1)
1. This is (이것은 그의 코트이다.)
2. Those are (저것(들)은 우리의 운동화이다.)
3. These are (이것(들)은 너의 청바지이다.)
4. That is (저것은 나의 수영복이다.)
5. This is (이것은 그녀의 스웨터이다.)

Exercise 2)
1. This is my dress.
2. These are her shorts.
3. That is his swimsuit.
4. These are their uniforms.
5. Those are my jeans.
6. Those are our t-shirts.
7. This is your coat.
8. These are our skirts.
9. Those are his shoes.
10. That is her jacket.

DAY 18   일반동사 과거형(규칙)

p75

Exercise 1)
1. followed 2. cleaned 3. visited 4. carried
5. liked 6. helped 7. worked 8. listened 9
played 10. acted

Exercise 1-1)
1. happened 2. stayed 3. waited 4. needed 5
moved 6. smiled 7. answered 8. married 9
started 10. missed

Exercise 2)
1. I needed you. (나는 네가 필요했다.)
2. I moved to Seoul. (나는 서울로 이사했다.)
3. She visited London. (그녀는 런던을 방문했다.)
4. They stayed in New York. (그들은 뉴욕에 머물렀다.)
5. I married my husband. (나는 나의 남편과 결혼했다.)
6. She listened to music. (그녀는 음악을 들었다.)
7. Lilly carried the bag. (릴리는 가방을 운반했다.)
8. He acted like an idiot. (그는 멍청이처럼 행동했다.)
9. You played the piano. (너는 피아노를 연주했다.)
10. They waited for you. (그들은 너를 기다렸다.)

DAY 19 일반동사 과거형(불규칙)

p79

Exercise 1)
1. wrote 2. read 3. set 4. sat 5. taught 6. had 7. saw 8. won 9. lost 10. forgot

Exercise 1-1)
1. broke 2. heard 3. let 4. spent 5. built 6. went 7. came 8. left 9. knew 10. bought

Exercise 2)
1. My brother wrote a letter. (나의 남자형제는 편지를 썼다.)
2. I read the book. (나는 그 책을 읽었다.)
3. They built a house. (그들은 집을 한 채 지었다.)
4. We heard her voice. (우리는 그녀의 목소리를 들었다.)
5. The singer sang a song. (가수는 노래를 불렀다.)
6. The students won the game. (그 학생들은 게임에서 이겼다.)
7. The players lost the game. (그 선수들은 게임에서 졌다.)
8. You forgot our anniversary. (너는 우리의 기념일을 잊었다.)
9. He broke the window. (그는 창문을 깨뜨렸다.)
10. She set the table. (그녀는 식탁을 차렸다.)

DAY 20 인칭대명사(하)

p83

Exercise 1)
1. you 2. him 3. her 4. us 5. it 6. them 7. me

Exercise 1-1)
1. him 2. me 3. it 4. him 5. you 6. us 7. them

Exercise 2)
1. theirs 2. hers 3. yours 4. his 5. ours 6. mine

Exercise 3)
1. His car is his.
2. He fogot me.
3. Her chalk is hers.
4. She won us.
5. My dress is mine.
6. Their uniforms are theirs.

DAY 21 2형식과 3형식 비교

p87

Exercise 1)
1. (2형식) 그것은 시원하게 유지된다.
2. (3형식) 나는 나의 룸메이트를 싫어한다.
3. (2형식) 나는 기분이 아주 좋다.
4. (2형식) 그 계획은 완벽하게 들린다.
5. (3형식) 나는 오리 한 마리가 있다.
6. (3형식) 그녀는 진실을 알았다.
7. (2형식) 그녀는 행복해졌다.
8. (3형식) 그녀는 스마트폰을 얻었다.
9. (1형식) 한 소녀가 나타났다.
10. (2형식) 그 소녀는 가난해 보인다. (불쌍해 보인다.)

Exercise 1-1)
1. (2형식) 그는 갑자기 슬퍼졌다.
2. (3형식) 운 좋게도, 그는 티켓을 얻었다.
3. (1형식) 그는 어제 공항에 도착했다.
4. (3형식) 나는 진짜 큰 테디베어를 가지고 있다.
5. (2형식) 그녀는 방에서 침묵을 유지했다.
6. (1형식) 나뭇잎이 떨어졌다.
7. (3형식) 나는 그의 돈을 받아들였다.
8. (1형식) 나는 빨리 달린다.
9. (2형식) 그는 과거에는 잘생겼었다.
10. (1형식) 그는 서점에 도착했다.

DAY 22 일반동사의 의문문

p91

Exercise 1)

1. Does your brother write a letter every Sunday? (너의 남자형제는 매주 일요일마다 편지를 쓰니?)
2. Did Andy read the book yesterday? (앤디는 어제 그 책을 읽었니?)
   *reads가 아닌 것으로 보아 과거형 문장이다.
3. Did they build a house in the hill? (그들은 집을 언덕에 지었니?)
4. Did we hear her voice? (우리는 그녀의 목소리를 들었니?)
5. Does the singer sing a song? (그 가수는 노래를 부르니?)
6. Do the students win the game? (그 학생들은 게임에서 이기니?)
7. Did the players lose the game? (그 선수들은 게임에서 졌니?)
8. Did you forget our anniversary? (너는 우리의 기념일을 잊어버렸니?)
9. Did he break the window? (그는 창문을 깼니?)
10. Does she set the table? (그녀는 식탁을 차리니?)

Exercise 1-1)

1. Did I miss the bus? (저는 버스를 놓쳤나요?)
2. Does she ride a bicycle after school? (그녀는 방과 후에 자전거를 타니?)
3. Does he have long legs? (그는 다리가 기니?)
4. Did she wait for the train yesterday? (그녀는 어제 기차를 기다렸니?)
5. Did Juile take a taxi to the restaurant? (줄리가 식당에 택시를 타고 갔니?)
6. Did she put on the hat? (그녀는 모자를 썼니?)
7. Do they help children? (그들은 아이들을 돕니?)
8. Did we have breakfast together? (우리가 함께 아침을 먹었니?)
9. Does your family eat out for dinner every Saturday? (당신의 가족은 매주 토요일마다 저녁을 위해 외식하니?)
10. Does Amily like beef sandwich? (에밀리는 소고기 샌드위치를 좋아하니?)

DAY 23 일반동사의 부정문

p95

Exercise 1)

1. The passenger didn't get on the bus. (그 승객은 버스에 타지 않았다.)
2. He doesn't fasten the seat belt. (그는 안전벨트를 착용하지 않는다.)
3. She didn't get off the taxi. (그녀는 택시에서 내리지 않았다.)
4. The students didn't hand in their assignments after school. (그 학생들은 방과 후에 자신들의 과제를 제출하지 않았다.)
5. She really doesn't like seafood. (그녀는 정말로 해산물을 좋아하지 않는다.)
6. The bird doesn't care for its baby all the time. (새가 아기새를 항상 돌보지는 않는다.)
7. She doesn't need a swimsuit. (그녀는 수영복이 필요하지 않다.)
8. He doesn't ignore the boy. (그는 그 소년을 무시하지 않는다.)
9. She didn't visit her grandmother last year. (그녀는 작년에 그녀의 할머니 댁에 방문하지 않았다.)
10. His brother doesn't stay at the place. (그의 남자형제는 그 장소에 머무르지 않는다.)

Exercise 1-1)

1. She doesn't have a dream. (그녀는 꿈이 없다.)
2. He doesn't miss his family. (그는 그의 가족을 그리워하지 않는다.)
3. I didn't write a letter in English. (나는 편지를 영어로 쓰지 않았다.)
4. He didn't spend 3 hours with her. (그는 그녀와 3시간을 함께 보내지 않았다.)
5. I didn't blame him for my fault. (나는 나의 잘못에 대해서 그를 비난하지 않았다.)
6. She doesn't live in Incheon. (그녀는 인천에 살지 않는다.)
7. You didn't cry in the library. (너는 도서관에서 울지 않았다.)
8. We don't respect our homeroom teacher. (우리는 우리 반 담임 선생님을 존경하지 않는다.)

9. She doesn't copy her father in many things. (그녀는 많은 것에서 그녀의 아버지를 모방하지 않는다.)
10. I didn't arrive on time. (나는 정시에 도착하지 않았다.)

DAY 24   문장의 4형식과 5형식
p99
Exercise 1)
1. (2형식) 칠판이 크다.
2. (4형식) 그는 그의 학급 친구에게 연필을 빌려주었다.
3. (3형식) 그는 노트를 샀다.
4. (4형식) 그는 나에게 지우개를 사주었다.
5. (4형식) 그녀는 내 생일을 위해 나에게 케이크를 만들어주었다.
6. (5형식) 그녀는 그녀의 딸을 변호사로 만들어주었다.
7. (3형식) 그녀는 종이로 쉽게 꽃을 만들었다.
8. (3형식) 나는 보너스를 받았다.
9. (4형식) 나의 사장님은 나에게 보너스를 주었다.
10. (2형식) 그녀는 그녀의 아들로 행복해졌다.

Exercise 2) (예시 답안입니다.)
1. He gave me a bicycle.
2. She sent them presents.
3. You sold the student a t-shirt.
4. She made me happy.

Exercise 2-1) (예시 답안입니다.)
1. He told me her secret.
2. She bought him a motocycle.
3. The teacher teaches students English.
4. He made the black skirt white.

DAY 25   주요 동사들
p103
Exercise 1)
1. took 2. had 3. having 4. take/have 5. took

Exercise 1-1)
1. took 2. have 3. had 4. took 5. took/had

Exercise 2)
1. go 2. made 3. do 4. had 5. get 6. made

Exercise 2-1)
1. have 2. made 3. go 4. take 5. made 6. make

Exercise 3) (예시 답안입니다.)
1. She will take a taxi.
2. I already had lunch with her.
3. Let's go on a date.
4. I finally got a refund.

Exercise 3-1) (예시 답안입니다.)
1. She took a rest yesterday.
2. He didn't take her advice.
3. She always does her best.
4. We had fun together.

DAY 26   의문사(상)
p109
Exercise 1)
1. Did you meet her?
2. Do they play the piano?
3. Does he take a bath?
4. Did she get a job?

Exercise 1-1)
1. Did you play the piano?
2. When did you play the piano?
3. Why did you play the piano?
4. Where do you play the piano?

Exercise 1-2) (예시 답안입니다.)
1. Why did you take a taxi(a cab)?
2. When do you take a bath?
3. Where did you take a picutre?
4. When did you do your homework?

Exercise 1-3) (예시 답안입니다.)
1. Why is she so positive?
2. Where did you go fishing?
3. Why did he give up?
4. When did they take the subway?

DAY 27 의문사(하)

p113
Exercise 1)
1. What makes you so sure?
2. What time did you come?
3. Who made a reservation?
4. How did you make an appointment with her?
5. Which one do you prefer, this one or that one?
6. How much is it?
7. How often do they go fishing?
8. How many books do you need?

Exercise 2)
1. Who got a job?
2. Who(m) did you meet?
3. Where did she take a vote?
4. How often do you work on weekends?

Exercise 2-1)
1. How was your blind date?
2. How did you get a ticket?
3. How do you think of this picture?
4. What kind of food do you want?

DAY 28 미래

p117
Exercise 1)
1. Is he going to talk to her? /He isn't going to talk to her.
2. Will you pass the exam? /You won't pass the exam.
3. Are they going to go on a picnic? /they aren't going to go on a picnic?
4. Will she see her son soon? /She won't see her son soon.
5. Will Paul wait for her forever? /Paul won't wait for her forever.
6. Is she going to take yoga class next week? / She isn't going to take yoga class next week.
7. Will you make big money? /You won't make big money.

Exercise 2) (예시 답안입니다.)
1. They will meet him.
2. She is going to run with her boyfriend.
3. Are you going to take a bus?
4. I will be(become) a singer.

Exercise 2-1) (예시 답안입니다.)
1. Will she be(become) a doctor?
2. I am going to visit him next week.
3. I won't tell her the secret.
4. Will he follow her?

DAY 29 빈도부사

p121
Exercise 1)
1. always 2. sometimes 3. never 4. often 5. seldom

Exercise 1-1)
1. never 2. sometimes 3. always 4. often 5. usually

Exercise 2) (예시 답안입니다.)
1. He always has dinner.
2. She never goes on a diet.
3. We sometimes swim.
4. My sister often keeps a promise.

Exercise 2) (예시 답안입니다.)
1. She often tells a lie.
2. I'm never late.
3. We sometimes go to the movies.
4. He seldom meets her.

DAY 30 현재와 현재진행

p125
Exercise 1)
1. She is playing the violin. (그녀는 바이올린을 켜고 있다.)
2. I'm looking at the bird. (나는 그 새를 바라보고 있다.)
3. They are playing soccer. (그들은 축구를 하고 있다.)

4. The boy is walking in the rain. (소년은 빗속을 걷고 있다.)
5. He isn't sleeping. (그는 자지 않고 있다.)
6. They are clearing a table. (그들은 테이블을 정리하고 있다.)
7. The man is shaving in front of the mirror. (남자는 거울 앞에서 면도하고 있다.)
8. I'm taking a shower in the hotel room. (나는 호텔방에서 샤워하고 있다.)
9. He is squeezing the toothpaste. (그는 치약을 짜고 있다.)
10. She is making the bed. (그녀는 이불을 개고 있다.

Exercise 1-1)
1. I'm combing my hair. (나는 머리를 빗질하고 있다.)
2. She is taking a bath. (그녀는 목욕하고 있다.)
3. He is having breakfast. (그는 아침 식사를 하고 있다.)
4. Linda is washing the dishes. (린다는 설거지를 하고 있다.)
5. We are setting the table together. (우리는 함께 식사를 차리고 있다.)
6. I'm putting on a cute cap. (나는 귀여운 야구모자를 쓰고 있다.)
7. Girls are hanging out with boys. (소녀들이 소년들이랑 어울려 놀고 있다.)
8. I'm waking up them. (나는 그들을 깨우고 있다.)
9. She is doing the laundry. (그녀는 빨래를 하고 있다.)
10. They are listening to music loudly. (그들은 음악을 크게 듣고 있다.)

DAY 31 과거진행과 미래진행
p129
Exercise 1)
1. He was looking for a rooftop house. (그는 옥탑집을 보고 있었다.)
2. You were painting the wall white. (너는 벽을 하얗게 칠하고 있었다.)
3. She will be going up the stairs. (그녀는 계단을 올라가고 있을 것이다.)

4. He was working in the basement. (그는 지하실에서 일하고 있었다.)
5. Her sister will be sleeping in the livingroom. (그녀의 여자형제는 거실에서 자고 있을 것이다.)
6. He wasn't crying in the kitchen. (그는 부엌에서 울고 있지 않고 있었다.)
7. Students will be breaking the window with stones. (학생들이 돌로 창문을 깨고 있을 것이다.)

Exercise 2)
1. She didn't have dinner. (그녀는 저녁을 먹지 않았다.)
2. You were shouting at me in front of people. (너는 사람들 앞에서 나에게 소리 지르고 있었다.)
3. They were playing basketball in the park. (그들은 공원에서 농구를 하고 있었다.)
4. I put letters into the postbox. (나는 편지들을 우편함에 넣었다.)
5. She was watching a move in the bedroom. (그녀는 침실에서 영화를 보고 있었다.)
6. The dog was barking at strangers. (그 개는 낯선사람들에게 짖고 있었다.)
7. The chickens were running on the grass. (그 닭들은 잔디 위로 달리고 있었다.)

DAY 32 there is /are
p133
Exercise 1)
1. There are 2. There is 3. There is 4. There is 5. There are 6. There is 7. There are 8. There are 9. There is 10. There are

Exercise 2)
1. There is a cat.
2. There were rabbits.
3. Here is an ant.
4. There were birds in the sky.
5. There is an owl in the cage.
6. There were eggs in the nest.
7. Here were people.
8. There are children(kids) in the street.

DAY 33 조동사 기본과 can

p137

Exercise 1)
1. may 또는 will 중 하나 삭제
*조동사는 한 문장에서 동사 하나당 하나씩 사용
2. going → go
3. cans → can
4. can doesn't → can't

Exercise 2)
1. Can you pass me the salt?
2. May I have bread with butter?
3. She can choose pizza or spaghetti.
4. You can't hang out with them.

Exercise 3)
1. I can swim.
2. Can(May) I open the door?
3. Can you help me?
4. I can't speak English.

Exercise 3-1)
1. Can I go now?
2. He can speak French.
3. Can you sing a song?
4. She can't take a taxi(a cab).

DAY 34 추측의 조동사

p141

Exercise 1) (예시 답안입니다.)
1. He isn't handsome.
2. He can't be smart.
3. She must be sad.
4. He may(might) eat an ice cream.
5. She can't be 20 (years old.)
6. He may(might) meet me.

Exercise 1-1) (예시 답안입니다.)
1. He may(might) help me.
2. He can't be angry.
3. You must be happy.
4. He may(might) be hungry.
5. The juice may(might) be sweet.
6. She may(might) not be thirsty.

DAY 35 의무의 조동사(상)

p145

Exercise 1) (예시 답안입니다.)
1. You should(have to) speak up.
2. She should(has to) understand her parents.
3. You should not touch animals.
4. You must keep the rule.
5. I must not ignore him.
6. You don't have to join the club.
7. You must take a step.
8. You should not eat junk food.

Exercise 2) (예시 답안입니다.)
1. You don't have to live in Japan.
2. She should(has to) go to school.
3. He must stop now.
4. I don't have to read the book.
5. She should not take a taxi(a cab).
6. You must not drink too much.
7. Yoy should not eat chocolate.
8. I don't have to study hard.

DAY 36 의무의 조동사(하)

p149

Exercise 1) (예시 답안입니다.)
1. You should have seen her.
2. I shouldn't have eaten chicken.
3. I shouldn't have sung with him.
4. I should have taken a picture.
5. You should have been careful.
6. I should have been on a hurry.
7. She should have locked the door.
8. He shouldn't have called her.

Exercise 2) (예시 답안입니다.)
1. You didn't have(need) to sing (a song).
2. You don't have(need) to sing (a song).
3. You should have sung (a song).
4. You shouldn't have sung (a song).

Exercise 2-1) (예시 답안입니다.)
1. I should have met him.
2. I don't have(need) to meet him.
3. I shouldn't have met him.
2. I didn't have(need) to meet him.

DAY 37   used to vs would

p153
Exercise 1)
1. 나는 프랑스에 살곤 했다.
2. 나는 매주 토요일마다 기타를 연주하곤 했다.
3. 그녀는 때때로 울곤 했다.
4. 마을에 교회가 있곤 했다.
5. 나는 매일 노래를 부르곤 했다.
6. 그는 마라톤을 뛰곤 했다.
7. 나는 가족들과 살곤 했다.
8. 그들은 종종 함께 골프를 치곤 했다.

Exercise 2) (예시 답안입니다.)
1. I used to live in Seoul.
2. He used to swim every morning.
3. I would sometimes play soccer.
4. He used to have a wife.
5. She used to have a fancy car.
6. I used to play basketball every Wednesday.
7. We would often play the violin.
8. There used to be a robot in my house.

DAY 38   현재완료(상)

p157
Exercise 1)
1. I have lost weight.
2. I haven't met the actor.
3. Three years have passed.
4. We have kept in touch with each other.
5. I have used chopsticks.
6. They have followed his directions.
7. I have told her everything about Lisa.
8. I have worked at the factory.
9. She has always done her best.
10. I haven't liked her.

Exercise 2) (예시 답안입니다.)
1. I live in Busan.
2. I lived in Busan last year.
3. I have lived in Busan since last year.
4. I have lived with my family so far.
5. It snowed yesterday.
6. She has played the piano for 3 years.
7. He has worked the office since 2010.
8. They have been happy since then.

DAY 39   현재완료(하)

p161
Exercise 1)
1. 나는 10년 동안 뉴욕에 살고 있다. (계속)
2. 그들은 막 방금 유리창을 두드렸다. (완료)
3. 그녀는 오랜 시간 카드를 쥐고 있다. (계속)
4. 나는 그에게 한번 말 건 적이 있다. (경험)
5. 그는 이미 차를 밀었다. (완료)
6. 나는 지갑을 잃어버렸다. 그래서 나는 하나 사야
   한다. (결과)
7. 너는 이미 음악 동아리에 가입했다. (완료)
8. 나는 2011년부터 프랑스어를 배워왔다. (계속)

Exercise 2) (예시 답안입니다.)
1. He has just knocked the door.
2. They have already pushed the box.
3. He has loved her since 2013.
4. The plan has seemed(looked) perfect for a
   long time.
5. You have lived in Seoul for 5 years.
6. He has talked to me once.
7. She has lost the camera, so she has to buy
   one.
8. He has already thrown a ball.

DAY 40   과거와 현재완료

p165
Exercise 1)
1. played (소녀는 지난 주 일요일에 기타를
   연주했다.)
2. has played (소녀는 지난 주 일요일부터
   바이올린을 연주해왔다.)
3. danced (나는 작년에 그와 함께 춤을 췄다.)

4. has learned (그녀는 작년부터 춤추는 것을 배워왔다.)
5. became (그는 2009년에 교수가 되었다.)
6. has sung (그녀는 2009년부터 식당에서 노래를 해왔다.)

Exercise 1-1)
1. has stayed (디자이너는 3년 동안 호텔에 머물러왔다.)
2. enjoyed (우리는 지난 토요일에 파티를 즐겼다.)
3. has driven (그는 지금까지 잘 운전해왔다.)
4. flied (새가 어제 높이 날았다.)
5. needed (그는 10년 전에 돈이 필요했다.)
6. has had (그 남자는 그때 이후로 충분한 돈이 있어왔다.)

DAY 41 목적어로 동사를 쓰고 싶다면(상)
p169
Exercise 1)
1. She decided to 2. They chose to 3. He wants to 4. I declined to

Exercise 1-1)
1. I decided to 2. He needs to 3. She hopes to 4. He agreed to

Exercise 2) (예시 답안입니다.)
1. I want to dance with her.
2. We chose to drink together.
3. I expect to live with my family.
4. She pretended to open the door.
5. They agreed to play soccer.
6. She decided to play a computer game.
7. I hope to meet her.
8. I consider going to the movies this weekend.

DAY 42 목적어로 동사를 쓰고 싶다면(하)
p173
Exercise 1)
1. to buy 2. calling 3. to get 4. keeping

Exercise 1-1)
1. buying 2. spending 3. to make 또는 making 4. to take

Exercise 2) (예시 답안입니다.)
1. I like to dance(dancing).
2. She tried to open the door.
3. I enjoy reading (a book) after school.
4. Remember to take your credit card.
5. She stopped playing the paino.
6. I forgot calling her.
7. They started(began) to study(studying) Enligish.
8. Don't regret making her glad.

DAY 43 지각동사, 사역동사
p177
Exercise 1)
1. to jump → jump(jumping)
나는 개구리가 연못으로 점프하는 것을 봤다.
2. introducing → introduce
내가 본인 소개를 하게 해주세요. (자기 소개를 할게요.)
3. playing → to play
그녀의 엄마는 그녀가 진흙을 가지고 놀게 허락했다.
4. getting → to get
앨리스는 그녀의 남자형제가 직업을 가지도록 설득했다.
5. carrying → carry
그녀는 학생들이 그녀의 짐을 옮기게 했다.
6. touched → touch(touching)
너는 누군가 너의 손을 만지는 것을 느꼈다.

Exercise 1-1)
1. to swimming → swim(swimming)
그는 생물체들이 호수에서 수영하는 것을 봤다.
2. lived → live(living)
나는 그가 섬에서 혼자 산다고 들었다.
3. abandon → to abandon
그들은 내가 그를 사막에 버리도록 강요한다.
4. cutted → cut
나는 내 머리를 미용실에서 자르도록 했다.
5. pull → pulled

나는 내 이가 뽑히게 했다.
6. cherish → to cherish
그녀는 그가 그의 삶을 소중히여기길 원했다.

Exercise 2) (예시 답안입니다.)
1. He let(made /had) his son study hard.
2. She wanted him to wait for her.
3. I saw a bird fly(flying).
4. I heard her cry(crying) in the street.

Exercise 2-1) (예시 답안입니다.)
1. She allowed me to live in the island.
2. He felt her change(changing) her mind.
3. We saw him dance(dancing) with her.
4. I let(made /had) cats washed.

DAY 44   명령문

p181
Exercise 1)
1. Be honest.
2. go straight.
3. turn left.
4. go fast.
5. slow down.
6. speak up.

Exercise 1-1) (예시 답안입니다.)
1. Be generous.
2. Be quiet.
3. Turn right.
4. Go fast.
5. Don't ignore them.
6. Open the door.
7. Don't drink too much.
8. Drive carefully.

DAY 45   and, or, but, so

p185
Exercise 1)
1. or 2. and 3. and 4. but

Exercise 1-1)
1. and 2. and 3. so 4. and

Exercise 2) (예시 답안입니다.)
1. I like a hamburger and a coke.
2. I like to sing (a song) and to dance.
3. Which color do you prefer, black or green?
4. but I won't marry her.

Exercise 2-1) (예시 답안입니다.)
1. I used to hate him, but I love him now.
2. I used to hate him, and I still hate him.
3. I will meet them, but
4. She is pregnant, and

DAY 46   목적어를 이끄는 that

p189
Exercise 1)
1. I know (that)
2. She believes (that)
3. I think (that)
4. I don't think (that)
5. They say (that)
6. I regret (that)
7. He didn't realize (that)

Exercise 2) (예시 답안입니다.)
1. I remember (that) she was pretty.
2. She knows (that) he is honest.
3. They think (that) he is a liar.
4. We believe (that) she will meet us.
5. I understand (that) he rides a bike.
6. I don't remember (that) we danced together.
7. I realized (that) I need her.

DAY 47   접속사 because와 when

p193
Exercise 1)
1. because 2. When 3. because 4. When

Exercise 1-1)
1. When 2. because 3. When 4. because

Exercise 2) (예시 답안입니다.)
1. When you were alone, I wasn't there.

2. She went out because she wanted to meet him.
3. He can't meet her, because she is very busy.
4. We hurried because we had to go to hospital.
5. When I saw her, she was crying.
6. When she arrived, we were having(eating) lunch.
7. You should take a rest because you got a cold.

DAY 48   비교급과 최상급 만들기
p197
Exercise 1)
1. wiser - wisest 2. hotter - hottest 3. younger - youngest 4. worse - worst 5. less - least

Exercise 1-1)
1. more famous - most famous 2. smarter - smartest 3. bigger - biggest 4. better - best 5. more - most

Exercise 1-2)
1. prettier - prettiest 2. less - least 3. worse - worst 4. better - best 5. more surprising - most surprising

Exercise 1-3)
1. sadder - saddest 2. more - most 3. worse - worst 4. better - best 5. more careful - most careful

DAY 49   비교급과 최상급
p201
Exercise 1)
1. more hot → hotter (오늘은 어제보다 더 덥다.)
2. more 삭제 (폭력은 어쩌면 절도보다 더 나쁠지도 모른다.)
3. prettier → the prettiest (그녀는 학교에서 가장 예쁘다.)
4. often before → often than before (그는

나에게 자주 연락한다.
*more often than before 종종, 자주
5. seriouser → more serious (그 차 사고는 내가 상상했던 것보다 더 심각했다.)
6. than 삭제 (그 홍수는 역대 최악의 재난이다.)
7. useful that → useful than that (이 도구는 저 도구보다 더 유용하다.)
8. more 삭제 (지구가 달보다 더 크다.)
9. most 삭제 (나는 세상에서 제일 큰 개와 산다.)
10. most → more (조는 네이트보다 더 유명하다.)

Exercise 1-1)
1. more → the most (교육이 세상에서 제일 중요한 것이다.)
2. most → the most (그 책은 내가 읽었던 책 중 가장 지루한 책이다.)
3. most 삭제 (타조는 세상에서 가장 큰 새이다.)
4. more → the most (지구는 우주에서 가장 아름다운 행성이다.)
5. the 삭제 (오리는 보통 닭보다 크다.)
6. animals → animal (고래는 세상에서 가장 큰 동물이다.)
7. richest → the richest (그는 세상에서 가장 부유한 사람들 중에 한 명이다.)
8. most 삭제 (한라산은 한국에서 가장 높은 산이다.)
9. fastest → faster (자동차는 자전거보다 빠르다.)
10. the 삭제 (건강이 부유함보다 더 중요하다.)

DAY 50   부가 의문문
p205
Exercise 1)
1. don't you (넌 어지러움을 느껴, 그렇지 않니?)
2. didn't she (그녀는 감기에 걸렸어, 그렇지 않니?)
3. isn't he (그는 동물 털에 알레르기가 있어, 그렇지 않니?)
4. didn't she (그녀는 온몸에 두드러기가 났어, 그렇지 않니?)
5. won't I (나는 치통이 생길 거야, 그렇지 않겠어?)
6. do you (너는 불면증 없잖아, 그렇지?)

7. didn't they (그들은 식중독에 걸렸어, 그렇지 않니?)

8. shouldn't it (그건 소화불량일 거야, 그렇지 않겠어?)

9. didn't you (너는 어제 열이 났어, 그렇지 않니?)

10. isn't it (그 토끼 정말 사랑스럽다, 그렇지 않니?)

Exercise 1-1)

1. won't he (탐은 위대한 시인이 될 거야, 그렇지 않겠어?)

2. doesn't she (그녀는 울적해 보이네, 그렇지 않니?)

3. can't we (우리는 그것을 잘할 수 있어, 그럴 수 있겠지?)

4. do you (너는 편하지 않구나, 그렇지?)

5. can't she (그녀는 예약을 할 수 있지, 그럴 수 없을까?)

6. doesn't she (그녀는 화장품 알레르기가 있다, 그렇지 않니?)

7. do we (우리는 그들에게 친절할 필요가 없다, 그렇지?)

8. isn't it (그 가방은 비싸다, 그렇지 않니?)

9. doesn't she (그녀는 4시까지 거기에 가야만 해, 그렇지 않니?)

10. does he (그는 머무르길 원치 않아, 그렇지?)

DAY 51   감탄문

p209

Exercise 1)

1. How a considerate → How considerate 2. have you → you have 3. bravely → brave 4. cars → car 5. What → How 6. they are → it is

Exercise 2) (예시 답안입니다.)

1. How sad she is!

2. What a nice room it is!

3. What a proud son you have!

4. What a fresh fruit it is!

5. What smart students they are!

6. How happy I am!

DAY 52   감정 표현하기

p213

Exercise 1)

1. was annoyed 2. was frustrated 3. were moved that 4. was astonished to

Exercise 1-1)

1. excited to 2. so proud to 3. worried that 4. relieved that

Exercise 2) (예시 답안입니다.)

1. I'm so excited to go shopping.

2. I'm so proud to have a daughter like you.

3. I'm confused to see a monkey in my house.

4. We are pleased to meet him again.

5. He is frustrated that he failed the test.

6. He is moved that she kissed him.

7. I'm surprised that I saw him crying.

타보름 매일 기초영어

저자 | 이선미
편집 | 타보름 교육 편집팀
디자인 | 디자인 에스
발행일 | 개정판 2023년 5월 21일
발행처 | 타보름 교육
홈페이지 | www.taborm.com

파본은 구매처에서 교환해 드립니다.